超シンプルな 青色申告、 教えてもらいました！

ずぼらフリーランスもこれなら納得！

公認会計士
藤原道夫

聞き手
中山圭子

WindowsもMacもOK
ダウンロードできる
Excel仕訳帳シート付

青春出版社

本書購入後にダウンロードできる簡単仕訳帳は、

更新料がいらない仕訳帳 (Excel) です。

本文や解説で出てくる「○年分」に関係なく、

国税庁の公式サイト「確定申告書等作成コーナー」と

合わせてご利用いただけます。

Excel が使えるパソコンであれば、

Mac、Windows どちらでも使えます。

ダウンロード方法は P.40 をご覧ください。

簡単仕訳帳は税込みで記帳します。以下の人が利用できます。

・免税事業者

・2割特例または簡易課税制度を利用している人

●本書では、金額の記載は特に断らない限り、税込みで記載しています。
● Excel、Microsoft Excel は Microsoft Corp. の登録商標です。
●「簡単仕訳帳」は Windows 版 Excel2013 以降で動作を確認し、説明を掲載しています。ご利用の環境によって表示や操作などが異なる場合があります。
　最新の確定申告レポートや簡単仕訳帳 Q&A は、下記サイトでご確認できます。
　「ぽちぽちフリーランスは世界を救う…かも」https://bochi-free.com/

ずぼらフリーランス、
超絶使える青色申告ソフトの開発者に会いに行く

＊お急ぎの方は、ここは読み飛ばして9ページからどうぞ。

「胸をはって"ずぼら"したい！」 あなたへ

　青色申告のメリットは享受してトクしたい！　でも面倒なのはイヤ。そんな世のずぼら……いえ効率派フリーランスのみなさん、こんにちは。自称ずぼらフリーランス代表、中山圭子です。

　好きなことなら手間もヒマも惜しまず心身没頭できるけれど、それ以外のこと（特に事務仕事）は、できれば見なかったことにしたい。

　興味のないことの手間は徹底的に省きたい！

　そんな面倒くさがり屋を世の人は「ずぼら」と呼ぶようです。

　でも、自虐的にいえば「ずぼら」ですが、胸をはっていうなら、「効率的」で「シンプル」にも通じるのでは？

　自らの名前が単位になっちゃってる、かの天才数学者ガウスは大の計算ギライで、小学生のとき教師が出した $1+2+3+\cdots100$ という地道な計算問題をやりたくないがために、「$(1+100)\times100\div2$」というたった1回ですむ計算式を導き出して周囲を驚かせたとか。

　面倒くさいという「ずぼら心理」が、後世に名を残すすばらしい業績の原動力になった（と言えなくもない）わけですよ！

　目的地までの近道を編み出す力、ビバ☆ずぼら力！

　ずぼらは発明の母！

……とまぁ、いくら開き直ってみたところで、寝ている間に〝ベッドの下の小人さん〟が私に代わって面倒くさい作業を片づけてくれるわけではありません。

　そんなずぼらフリーランスにとって、<u>面倒くさい作業の筆頭であり、避けては通れないのが確定申告</u>。どうせやらなきゃいけないなら、お得で、しかもラクだったら申し分ないですよね？

　本書では、青色申告デビューしながらも、毎年、作業の面倒さにゲンナリするだけでなく、よくわからない仕訳や申告にモヤモヤ＆ヒヤヒヤしていた私を救ってくれた、超シンプルな記帳方法をご紹介します！

青色にしたけど、本当にコレで大丈夫…？　

　会社員を辞めてフリーランスになった当初は、ラクチンな白色申告をしていた私でしたが、国の制度が変わって白色でも帳簿はつけることに。
「同じ帳簿をつける手間なら、青色にしたほうが得ですよ」
　といろんな本や記事で書かれている。お得と聞いて、「ならば♪」と能天気に青色申告デビューしてみたのですが……
　小まめな整理や帳簿付けが得意なわけでも、数字や経理に強いわけでもない人間には、「超簡単！」と書いてある売れ筋らしき本もハードルが高かった。付属のソフトをダウンロードしたものの、
「借方、貸方どっち？　事業主貸と事業主借って……えーと？」
　と「？？？」の渦にぐるぐると呑み込まれることに。

　毎年、なんとか数字を合わせてやり過ごし、還付金を手に入れるも、
<u>「……これで大丈夫、よね？」</u>とモヤモヤ。
<u>「税務署からの確認の電話がくるのでは……」</u>とヒヤヒヤ。
　そんなこんなで４年間はそのソフトで（２年目以降もダウンロードで

購入。いま思えばこれも必要なかった）がんばってみたのですが、わからないところを自己流でテキトーにすませているものだから腑に落ちる実感があるわけもなく、1年たったらやり方はすっかり忘れ、3月の申告直前に「借方？　貸方？」とぐるぐる……の繰り返しでした。

運命の出会いは図書館で

　そんなとき思い出したのが、まだ白色申告だったころ、地元の図書館で借りた本のこと。会計や税務が専門の出版社から出ているフリーランス向けの本で、くわしいことは忘れたものの、とにかく明快だった印象。

「青色申告はムズカシイっていうけど、これならできるのでは？」

　そう思ったきっかけだったっけ。シンプルなExcelのソフトを使った青色申告の本だったよなぁ……と図書館を再訪、記憶を頼りに探してみると、あったあった、水色のカバーの本。
『「簡単仕訳帳」でトクする青色申告』藤原道夫（中央経済社）。
　改めて図書館で借り、リンク先からソフトもダウンロードして開いたところ、現れたのは飾り気のないシンプルなExcelの表とシート。
　さっそく本を見ながら入力をはじめたところ……、
　雷に打たれたかのような衝撃が私を打ち抜いたのです！

「何コレ！？　超絶シンプルで使いやすい！！！」

　シンプルなExcelシートゆえに、入力も訂正もラク。
　シートをまたぐだけで決算書がサクッと確認できる。
　何より、すばらしいのは、左側が支出、右側が収入とおこづかい帳なみに直感で理解できるつくり。

現金？　普通預金？　カード引き落とし？　それも気にしなくていい。

今までやってた「立替払い」の「事業主貸」で「生活費で精算」とかはどうしちゃったの？　え、必要ないの！？

こんなにラクできるんだったら、もっと早くおしえてよーっ！！

作業をラクにしているのは、「個人用と事業用の財布を分けない」という発想のおかげらしい（詳細は本文52ページ）。

すばらしい本なので、すぐさまネットで探して購入、次の年からはこのソフトを使って申告。

その結果、いままでより数段ラクに申告作業が進んだのでした。

ボンクラ納税者、会計のエキスパートに会いに行く

ここで、

「いや～、いいソフトに出会えてよかった、よかった」

で終わらないのが、「企画・編集・執筆」を肩書にしている者の性（サガ）。

「こんなにすばらしい本が図書館の一角で埋もれ……いえ、収まっていていいのか、いやよくない！　ぜひ、もっと多くの人に知ってほしい！」

そんな編集者魂を刺激され、野望がムクムクと湧いてきます。

「あわよくば仕事にしちゃって、かつ著者から直にいろいろ教えてもらえたらサイコー♡」

というヨコシマな想いも……ええ、もちろん、ありますとも。

そんなわけで、水色のカバーの本の出版社に電話をし、

「突然すみません。ワタクシ、フリーで編集やライターをしている者ですが、御社で発行されている書籍に感銘を受けまして……」

とカンゲキを伝え、著者の連絡先をゲット。

いざ、青色申告の師のもとへ！　と向かったのでした。

"仕訳ギライの公認会計士"藤原さん

こうして青色申告をカンタンにしてくれるすばらしいソフトの開発者である藤原道夫さんとお会いできたわけですが……、

比類なきソフトを編み出した師は、やはり、ただ者じゃなかった。

「実は私、仕訳がキライなんです」

超絶使える「**仕訳帳ソフト**」開発者は、穏やかな笑みをたたえつつも、不敵な口調でそう言い切りました。

仕訳ギライなのにあんな便利な仕訳帳を発明できるものなの……？

よくよく話を聞くと、どうやら藤原さんは監査法人に勤めていたころから、「連結決算」や「キャッシュ・フロー計算書」といった数々の「**面倒くさい業務をシンプルに表計算ですませちゃうソフト**」の開発者だったことが判明。

計算ギライゆえに超シンプルな計算式を編み出した天才数学者ガウス。

仕訳ギライゆえに超シンプルな仕訳帳を編み出した会計士の藤原さん。

この二人が私の頭の中でピタリと重なりました。

この方こそ、ずぼらフリーランスの救世主！

私だけじゃなくたくさんのフリーランスの人々を救ってもらうために「簡単仕訳帳」を改めて世に出すべし！

天からの啓示を受けた私は、青春出版社の敏腕編集長、手島さんに企画を持ち込み、藤原さんの「簡単仕訳帳」のすばらしさを熱弁。念願叶ってめでたく水色のカバーの本を**ずぼらさん仕様にバージョンアップ**した本書の出版へとこぎつけたのでした。

　ずぼらさんはもちろんですが、慣れない確定申告作業に頭を悩ませる**かけ出しフリーランス**さんや仕事に追われる**倹約フリーランス**さんの手間とお財布の負担も、スッキリ削減することをお約束します！
　また、
「青色申告ってタイヘンなんでしょ？」
「難しそう……」
　と**白色フリーランスからの転向**をためらっているみなさんにも、一歩を踏み出すお手伝いに、必ずやなるはずです。

　では、さっそくはじめてまいりましょう！

〝青色申告のユーウツ〟から解放された
中山圭子

本書の登場人物

▶ 公認会計士の藤原さん

「簡単仕訳帳」の開発者。監査法人時代、数々の「面倒くさい業務をシンプルにできるようにしちゃうソフト」を開発したずぼらの師匠。退職独立後は、趣味のジョギングを満喫し日本だけでなく世界各地のマラソン大会へ参加するなど仕事だけでなくプライベートも充実。特技の囲碁をご近所さんに請われて教えたり、愛妻とのお遍路や寺社巡りを楽しんだりと穏やかな日々を送っていたが、中山の突撃を受け、青色申告の指南をするはめに。「もっと事例を！」「もっとラクに！」「私にもわかるように！」という中山のわがままに懐深く応えつつも、「その質問、意味不明です」とストレートな塩対応も繰り出す率直なご仁。

▼ ずぼらフリーランス中山

オトクなことは大好きだけど、省ける手間は極力省きたい面倒くさがり屋。節税になると聞いて青色申告の海に飛び込んだものの溺れかけ、藁（わら）をもと思ってつかんだ「簡単仕訳帳」がごん太の綱（ぶと つな）だった幸せ者。

▼ フリーランスのみなさん

開業初年で初申告、白色申告からの変更など、青色申告デビュー組。

本書は、こんなあなた

フリーランス（個人事業主）デビューのあなた！

祝 開業！
がんばるぞ！

「まずはお金をかけず申告したい」に応えます！

・・・・ 準備の章へ GO!

白色申告から青色にしようか迷っているあなた！

複式簿記
むずかしそう…

「得したいけど、簡単じゃなきゃムリ」に応えます！

・・・・ 準備の章へ GO!

のための本です！

青色申告しているけれど迷走中なあなた！

「申告がツラい…もっとスッキリ楽したい」に応えます！

•••• 1章へ GO!

こんなあなたには、この本は向きません……

✕ 売上 1000 万円を軽く超えるフリーランス（個人事業主）さん

※本書のソフトでも、簡易課税方式（売上 5000 万円まで）なら利用は可能です

藤原さんの「簡単仕訳帳」、ここがスゴイ！

普通の仕訳帳は……(+o+)

月	日	摘　　要	コード	借方科目	金　額	コード	貸方科目	金　額
1	1	元入金（現金）	101	現金	200,000	301	事業主借	200,000
1	1	〃　（普通預金）	103	普通預金	500,000	301	事業主借	500,000
2	1	現金で消耗品を買った	514	消耗品費	1,000	101	現金	1,000
2	2	クレジットCで消耗品を買った	514	消耗品費	5,000	204	未払金	5,000
2	10	カードの引き落としがあった	204	未払金	5,000	103	普通預金	5,000
3	10	電気代が引き落とされた	507	水道光熱費	15,000	103	普通預金	15,000
4	1	Suica にチャージした	110	前払金	10,000	101	現金	10,000
4	1	Suica で電車に乗った	508	旅費交通費	300	110	前払金	300
4	2	Suica でおにぎりを買った	300	事業主貸	250	110	前払金	250

事業主貸、事業主借？
現金と普通預金と Suica のチャージ代、
しかもプライベートの出金も入力しなきゃいけないの…？

これが一般的な複式簿記です。

藤原さんの「簡単仕訳帳」なら……(* ^ ▽ ^ *) ♪

月	日	摘　要	コード	借方科目	金　額	コード	貸方科目	金　額
~~1~~	~~1~~	~~元入金 (現金)~~						
~~1~~	~~1~~	~~〃 (普通預金)~~						
2	1	現金で消耗品を買った	514	消耗品費	1,000			
2	2	クレジットCで消耗品を買った	514	消耗品費	5,000			
~~2~~	~~10~~	~~カードの引き落としがあった~~						
3	10	電気代が引き落とされた	507	水道光熱費	15,000			
~~4~~	~~1~~	~~Suica にチャージした~~						
4	1	Suica で電車に乗った	508	旅費交通費	300			
~~4~~	~~2~~	~~Suica でおにぎりを買った~~						

入力不要！

ウラで「事業主勘定」
が自動入力される

えっ、こんなにシンプルでいいの？
ダンゼンこっちでしょ！！

超シンプルでいいでしょ？

本書の特長

●ずぼらさんには……作業をサクッと教えます

日々の入力はコレ！

基本操作3 お金が入ったときの入力

❖ 売上（入金）の入力は…

お金が入ってきたときの入力を見てみましょう。

執筆した本が刊行して印税が支払われたときは……

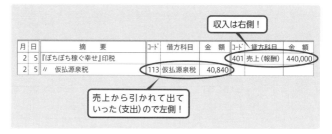

収入は右側！

月	日	摘　要	コード	借方科目	金　額	コード	貸方科目	金　額
2	5	『ぼちぼち稼ぐ幸せ』印税				401	売上（報酬）	440,000
2	5	〃　仮払源泉税	113	仮払源泉税	40,840			

売上から引かれて出て
いった(支出)ので左側！

このように、コード番号と金額を**右側（貸方科目）に入力**します。

また、源泉徴収税が引かれている場合は、仮払源泉税として左側（借方科目）に入力します（詳しくは次のページ）。

> 「理屈はあとでいいから、まずはすることを教えて！」に応えます

 ずぼらゴコロをわかってらっしゃる～

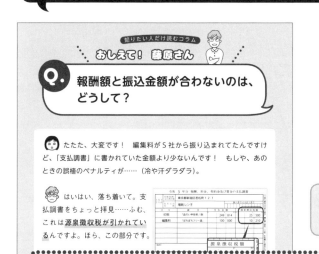

理論派さんも
満足させますよ

税金や青色申告の基礎知識、簡単仕訳帳の「なぜ？」に答えます

●豊富な**仕訳例！**

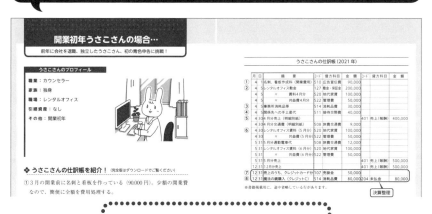

具体例があるから、わかりやすい！

日々の入力&整理 (1 ～ 12 月→ P.37)

日々、月ごとに仕訳帳へ入力。
領収書・支払明細などの必要書類の整理&保管

こまめな入力作業こそ効率的！
ずぼらさんにもオススメですよ

簡単仕訳帳ならシンプルで
やる気も続きそう！

生命保険料など各種控除証明書などが届く （10月頃〜）

※確定申告に備えて保管しておきましょう

決算整理 （1〜2月→ P.89）

年をまたぐお金や立替金の整理、
減価償却費の計上＆決算

「支払調書」（源泉徴収票）が届く （〜1月）

※支払い時の明細書で代替する会社などもあります。確認しましょう

国税庁サイトで確定申告！ （2月16日〜3月15日→ P.111）

確定申告は2月16日からですが、還付ならそれ以前でもOK！
支払調書など必要な書類がそろったら国税庁のサイトでいざ青色申告！

準備 の章

フリーランスなら青色申告！ お得な4大メリット

1 章

さっそくはじめよう！ 藤原さんの「簡単仕訳帳」

2章

こんなときどうする？
仕訳例ほか Q&A

3章

青色申告のキモ、「年をまたぐお金」の「決算整理」

4章

いざ、国税庁の Web サイトで
ラクラク青色申告！

終章

事業が大きくなったら…

ダウンロードできる内容

①簡単仕訳帳 (決算書、科目コード表ほか含む)
②藤原さんが完全解説! 仕訳事例集 (PDF)

イラストレーション：コジママユコ
企画・構成：中山圭子
本文デザイン：浦郷和美
本文DTP：森の印刷屋
校正：鷗来堂

準備の章

フリーランスなら青色申告！ お得な４大メリット

*他のソフト等から乗り換える人、わかっている人は１章からスタート

会社を辞めてフリーランス（個人事業主）になると、それまで会社がやってくれたことを自分でしなければなりません。それは、自分で決算を行い、利益と所得税を計算して**確定申告**すること。

フリーランス（個人事業主）の場合、確定申告には、「**白色申告**」と「**青色申告**」の２種類がありますが、オススメは、ダンゼン青色申告！

そのメリットを確認していきましょう。

フリーランス（個人事業主）になったら…

◆ 会社員からフリーランス（個人事業主）に

　会社を辞めて仕事をはじめました。あなたはフリーランス（個人事業主）です。これまでは会社から給料をもらっていましたが、フリーランスに給料はありません。なぜなら、**稼いだものは全部あなた（事業主）のもの**だからです。

◆ フリーランスの必修科目、「確定申告」って何？

　会社員は、会社で所得税を計算して給料から天引き（源泉徴収）されていました。フリーランス（個人事業主）になると、この「所得税を納める作業」を自分でしなければなりません。

　一年間の事業の利益を計算し、それをもとに税務申告書を作成して**所得税を納める作業**のことを「確定申告」といいます。

確定申告の手順

① 記帳 ……………… 事業の入出金や取引を記録する
② 決算 ……………… 事業の利益を計算する
③ 確定申告 ………… 所得と所得税を計算して届け出る
④ 納税（**還付**）………… 税金を納める（**払いすぎた税金が戻る**）

私はもっぱら還付です！

◆会社員とフリーランス（個人事業主）の違いは…

会社員　　　　　フリーランス（個人事業主）

会社員とフリーランス（個人事業主）の違い

		会社員	フリーランス（個人事業主）
報　酬		稼ぎは会社のもの	稼ぎは全部自分のもの
		給料をもらう	フリーランスに給料はない
所得税		会社が給料から天引き納付 ＝【源泉徴収】	自分で記帳・計算して納付 ＝【確定申告】

確定申告の種類	記　帳	特　典
白色申告	簡易な帳簿	なし
青色申告	複式簿記※	多数あり

※正確には「正規の簿記の原則による記帳」

確定申告は青色申告と白色申告の
2種類。オススメは青色です。
メリット＆注意点は 28 ページか
ら紹介していきますよ

おしえて！ 藤原さん

Q. 開業初年や稼ぎがぼちぼちでも青色申告したほうがいい？

青色申告する人っていうとバリバリ稼いでいる印象で、「自分は関係ないな」って思うフリーランスさん、けっこういるんですよ。たとえば、開業初年で赤字確実だったり、なんとか食べていけるくらいの稼ぎだったり……、そんなフリーランスでもホントに青色申告するべきですか？手間がかかる割にメリットが今一つ実感できなくて、「青色申告、自分にはコスパ悪いんじゃないの？」というのが、すべてのぼちぼちフリーランスの疑問だと思うんですけど……。

フリーランスになると、「青色」かどうかは別として、「事業開始の届出」を出して、事業所得として確定申告することになります。開業初年のフリーランスで、会社を退職した年の事業所得が赤字の場合は、確定申告で給与所得と合計するので（損益通算）、所得が減って、給与から天引きされていた税金が戻ってきますよ。

すばらしい〜。じゃ、開業初年以外のぼちぼちフリーランスのメリットは？　やっぱり節税？　節税するほどの収入でもないんですけど。

青色申告にすると、開業初年以外でも赤字になったら「損失の繰越」が使えますよ。

……えっと、ソンシツのクリコシ、なんでしたっけ、ソレ？

今年の赤字を翌年以降の利益（所得）から差し引いていいですよ、という制度です。3年先まで使えます。

あ、そうだ、それ！　私も大助かりです～。取材費がたくさんかかったのに書籍の刊行は翌年だから印税が入るのも翌年なので赤字になった……ってときとか。収入に年単位で波があるフリーランスにはうれしい制度です。

収入に大きな波がある場合の対策は他にもあるんですが、青色申告にすると、「損失の繰越」以外にもたくさんの節税メリットがあります（次ページ以降）。しかも、抑えられるのは所得税だけじゃありません。**住民税や国民健康保険料も安くなります。**

所得税以外も安くなるなんて♡　でも、なんででしたっけ？

これらは、確定申告で提出した所得（課税対象額）をもとに翌年分が計算されるからです。税金の計算に用いる大もとの金額を、年をまたいで抑えられるのは大きなメリットですね。

なるほど～。副業でお金を稼いでいる人にもいいのかしらん。

副業は原則として「雑所得」なので青色申告できません。ハードルは高いですが「事業」として認められる規模になれば青色申告できますよ（31ページ参照）。
青色申告のメリットや注意点について、次ページから、くわしく紹介していきますね。

青色申告で、65（55）万円控除！

❖ ところで控除って何？

　青色申告のメリットの一押しは、青色申告特別控除65（55）万円控除！でも、そもそも控除って何？

　控除とは、利益（所得）から差し引ける金額のこと。差し引くことで所得の金額を少なくし、そこにかかる所得税の額を抑えるものです。

　どうしてこんなことをするのでしょう？　それは、同じ利益を上げていても、養う家族がいたり（扶養控除）、医療費がたくさんかかっていたり（医療費控除）、寄付をしていたり（寄付金控除）といった出ていくお金が多い人への配慮の意味合いがあります。

　控除にはいろいろなものがありますが、なかでも「青色申告特別控除」は、きちんと記帳して申告している人へのごほうびです。

❖ 青色申告特別控除65万円で、税金がこんなに安くなる！

　確定申告には、「白色申告」と「青色申告」の2種類があり、フリーランス（個人事業主）の場合はどちらかを選択することができます。

　青色申告には**正確な帳簿を作成する義務**がありますが、最大で65万円も事業所得から差し引くことができ、その結果、所得税を安くすることができます。右ページのような税率が低いケースでも、白色申告に比べて所得税が少なくなります。税率が増えればもっとお得に。

　所得税は課税対象の額で決まるので、**控除が多いほど所得税が少なくてすむ**というわけ。青色申告しない手はないですね！

> 住民税や国民健康保険料の
> 節約効果もありますよ

◆売上500万円（経費100万円）のフリーランスの場合……

（＊基礎控除のみ、社会保険料20万円の場合）

確定申告（白色）だと…

売上	5,000,000 円
経費	△ 1,000,000
基礎控除	△ 480,000
社会保険料	△ 200,000
課税対象額	3,320,000

× 20%（税率）

確定申告（青色）だと…

売上	5,000,000 円
経費	△ 1,000,000
特別控除	△ 650,000
基礎控除	△ 480,000
社会保険料	△ 200,000
課税対象額	2,670,000

× 10%（税率）

所得税の速算表

課税される所得金額	税率	控除額
195万円以下	5%	――
330万円以下	10%	97,500円
695万円以下	20%	427,500円
900万円以下	23%	636,000円
1,800万円以下	33%	1,536,000円
1,800万円超	40%	2,796,000円

課税対象額だ
けじゃなく税
率も変わった！

納税額は…

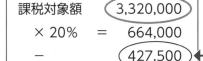

課税対象額	3,320,000
× 20% =	664,000
−	427,500
所得税	**236,500 円**

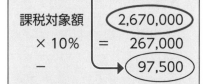

課税対象額	2,670,000
× 10% =	267,000
−	97,500
所得税	**169,500 円**

所得税の差は、**67,000円！**

青色のメリット2 　赤字も財産「損失の繰越」

❖ 事業損失を繰り越すと、翌年以降の所得から控除できる！

　事業所得が赤字となった場合、青色申告の場合は損失を繰り越して（3年間）、**翌年以降に利益が出た場合は所得から控除する**ことができます。この結果、繰り越した損失×税率相当分の税金を安くできます。

青色のメリット3 　30万円未満の固定資産を一括経費に

❖ 白色申告の3倍の額を一括経費にできる！

　青色申告の場合は30万円未満で購入した固定資産は、その年の費用にすることができます（白色申告では10万円）。なお、これは期限付きの特例ですが、毎回延長されています。**総額300万円まで利用する**ことができるので、儲かっている人には大きなメリットです。

青色のメリット4 　家族に払った給料が経費になる

❖ 家族への給料で節税できる！

　青色申告では、生計を一にする家族が事業に従事している場合、「青色事業専従者」として届けておけば、その家族へ支払った給与の全額を費用（必要経費）にでき、**所得税を抑える**ことができます。なお、給与の支払いが多くなるとその家族に所得税がかかります（74ページ参照）。

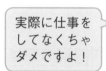

実際に仕事をしてなくちゃダメですよ！

事前の届出＆申告〆切は厳守‼

❖ 3月15日の申告期限を過ぎると10万円の控除のみに…

　青色申告をするためには、申告年の3月15日までに「青色申告承認申請書」（34ページ参照）を所管の税務署に提出することが必要です（年度の途中で開業した場合には、開業から2カ月以内）。

　また、申告期日（通常3月15日）を過ぎてしまった場合は、65（55）万円の控除は受けられず、10万円の控除となります。

> し、〆切に遅れると、
> せっかくの努力が水の
> 泡なのね（ドキドキ）

Q. 副業でも青色申告できる？

　会社員が行う副業は「雑所得」とされることがほとんどです。青色申告できるのは「事業所得」です。

「事業所得」は事業として営んだ結果、得られた所得。赤字の場合は、給与所得と合計されるので、課税対象額を減らす効果（減税効果）があります。しかし、これを悪用される可能性があるため、事業所得として確定申告を行っても事業所得と認められず修正を求められることがあります。税務署では、副業が雑所得と事業所得のいずれに該当するかは、収入規模や労力、反復継続しているか、社会的に事業として認められるかなど、実情に合わせて判断しているそうです。「個人事業の開業届」（34ページ参照）を出す際に、税務署で事業所得としてよいか否か相談しておくのが賢明です。

準備　フリーランスなら青色申告！　お得な4大メリット

おしえて！ 藤原さん

Q. でも、青色申告の帳簿付けって大変なんでしょ？

 私は「お得」に目がくらんで考えなしに青色申告に飛び込みましたが、「複式簿記？　決算書？　いくらお得といっても、ムリムリ！」という慎重な人も多いみたいです。

確かに、「青色申告で必要とされる複式簿記って難しい」と思っている人は多いですね。「市販のソフトを使えば簡単！」といっても、簿記の知識もない初心者には高い壁を感じるでしょう。私も退職してフリーランスになったとき、青色申告の手引きを前に、「これは手間だな」と感じましたから。

 えっ、公認会計士の藤原さんでも！？

もちろん知識はありますからわかりますよ。でも、家で仕事をしていたら、「事業の財布」と「個人の財布」は分けられないでしょう？それを無理に分けようとすると、面倒ですしスマートじゃない。そもそも私、事業用の財布は持ってませんし。

なので、青色申告で必要とされる「複式簿記」でありつつ、もっとシンプルで楽な方法があるんじゃないかな、と考えたんです。

①どの財布から出したか気にしないで、

②入出金をすなおに記帳したい。

そんな私自身の必要から編み出したのがこの「簡単仕訳帳」です。

私も事業用の財布を持ってません！　それでいいと言ってくれる会計士さんがいるなんて〜♡　あとは、支払いが現金、クレジットカード、交通系IC、電子マネーといろいろあって、どうしていいやら……。

「簡単仕訳帳」では、「どの財布か」や「何で払ったか」を気にせず、**事業用のお金の出入りだけを記帳すればOK**です。そのぶん、通常の複式簿記のような手間を徹底的に省けますから、**入力時間も半分くらい**ですみますよ。

さすが、ずぼら心をわかってらっしゃる〜！　でも、「そもそも、簿記とかわからないから……」とためらう慎重派さんもいます。

複式簿記独特の「貸方」「借方」は慣れないと難しく感じますからね。簡単仕訳帳では、右の欄は「収入」、左の欄は「支出」とおこづかい帳感覚で入力できるようにしてあります。

収入

月	日	摘　　　要	コード	借方科目	金　額	コード	貸方科目	金　額
4	5	『ずぼらフリーランス処世術』印税				401	売上（報酬）	200,000
4	10	増刷記念打ち上げ飲食代	511	接待交際費	10,000			

支出

確かにわかりやすい！　でも、ずいぶんスッキリしてますけど、コレ、ちゃんと複式簿記なんですか？（ちょっと疑わし気）　実は、あまり大っぴらにできない方法だったり……。

立派な複式簿記ですので、ご安心ください。
詳しく仕組みを知りたい方には52ページで解説していますよ。

まずは、税務署へ！　青色フリーランスデビュー

❖ 事業を始めたら 1 か月以内に開業届

　独立・開業したら、開業 1 か月以内に「個人事業の開業・廃業等届出書」を税務署に提出します。忘れていた場合は、「遅ればせながら」提出しましょう。**青色申告をする場合は「所得税の青色申告承認申請書」も必須です。**

❖ 用紙は税務署か国税庁の Web サイトで

　税務署へ行くと各種の届出用紙がそろっていて、書き方が分からなければ教えてもらえます。ハンコを持って行って、記入して提出してくることも可能です。

　国税庁の Web サイトにも各種の届出用紙が PDF ファイルで揃っているので、**家で簡単にダウンロード＆書類を作成することもできます。**

青色申告に必須の届出書

　□ 個人事業の開業届
　□ 青色申告承認申請書

家族や従業員に給料を支払う場合は、以下の書類もいるのね

その他、必要に応じて出す書類

　□ 青色事業専従者給与に関する届出書
　□ 給与支払事務所等の開設届出書
　□ 源泉所得税の納期の特例の承認に関する申請書

＊届出用紙のダウンロードは「国税庁」で検索、 申告所得税関係 に各種書類があります

◆青色申告に必須の届け出はコレ！

個人事業の開業・廃業届出書

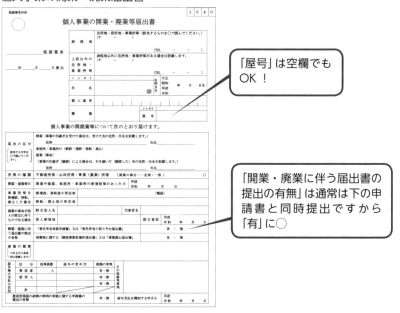

「屋号」は空欄でも
OK！

「開業・廃業に伴う届出書の提出の有無」は通常は下の申請書と同時提出ですから「有」に○

所得税の青色申告承認申請書

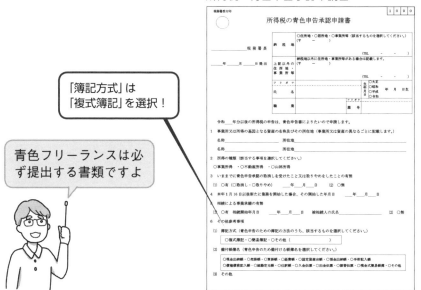

「簿記方式」は
「複式簿記」を選択！

青色フリーランスは必ず提出する書類ですよ

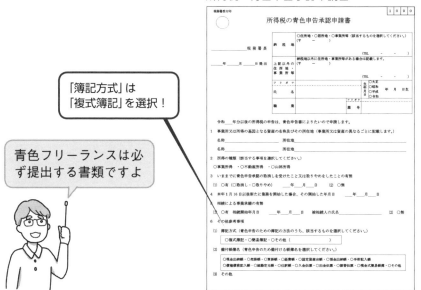

準備　フリーランスなら青色申告！　お得な4大メリット

おしえて！ 藤原さん

Q. 青色申告に必要な帳簿って？ どれに〇をすればいいの？

 前のページの青色申告のための「青色申告承認申請書」ですけど、「備付帳簿名」って項目で必要な帳簿に〇をするんですよね。

現金出納帳・売掛帳・買掛帳・経費帳・固定資産台帳・預金出納帳……って、見ているだけで目が回りますぅ〜。こんなに帳簿があるなんて聞いてないですよぉ（泣）。

はいはい、落ち着いて。ここは、「仕訳帳」と「総勘定元帳」、あとは「固定資産台帳」に〇をしておけば大丈夫です。

え、それだけ？ 知り合いのフリーランスの人は「現金出納帳と預金出納帳も必要」って言ってましたけど……。

ここが「簡単仕訳帳」の真骨頂。現金、銀行預金、電子マネーなどを分けずにお金の出入りを記録するので、現金出納帳などは不要です。総勘定元帳は自動で転記されますから勝手に出来上がります。

なるほど。じゃあ、固定資産台帳は？

仕訳帳と一緒に「簡易減価償却・固定資産台帳」もつけましたので、こちらもご活用ください（104ページ参照）。

さっそくはじめよう！
藤原さんの「簡単仕訳帳」

さぁ、いよいよ簡単仕訳帳を使っていきますよ。

青色申告に必要なのは、**1年間に出た利益（または損失）**をはっきりさせること。そのために必要な「仕事（事業）に関係のあるお金の出入りを記録する」のが仕訳帳です。

日々の帳簿付け＆確定申告に必要なもの

❖ パソコン＆プリンター、ファイルや台紙など

簡単仕訳帳は Excel でできていますから、Excel が使えるパソコンとプリンターが必要です。Excel さえ使えれば、Windows、Mac、どちらでも OK！

仕訳帳や申告書を作成したあとは、印刷して紙で保存しますので、ポケットファイルやとじ込みファイル、スティックのりなど、整理＆保管するものを準備します。日々の領収書や送付されてくる証明書や書類も保管。必要なときにすぐわかるように。

❖ レシート or 領収書

領収書をメンタツで！

経費として計上するには証拠となるもの（専門用語で証憑といいます）が必要です。仕事に関係のあるものを購入したときは、必ず領収書かレシートをもらい、保管しておきます。領収書をもらうときは、宛名はキチンと書いてもらうことが原則。「上様」は避けましょう。

整理の方法は、60 ページで紹介していますよ。

❖ 通帳、クレジットカードなどの明細

　銀行の入出金を確認しますので、通帳は**こまめに記帳**しましょう。インターネット通帳などはデータを保存し、必要に応じて印刷して残します。クレジットカードの**明細書**も保存して、照合した記録を残すようにしておきましょう。

❖ 支払調書、源泉徴収票など

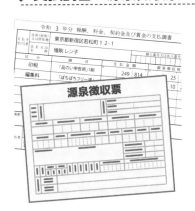

　取引先から１月末までに送られてくる「**支払調書**」は源泉徴収された所得税額と支払額が記載されたもの（会社によっては支払い時に送付する「支払通知」などで代える場合も）。給与収入がある人は会社から「**源泉徴収票**」を受け取ります（年金受給者も）。これらも保管しておきましょう。

❖ 社会保険料控除証明書ほか、各種通知書

　10月以降に送られてくる、国民年金、国民健康保険、国民年金基金などの**社会保険料控除証明書**、**小規模企業共済等掛金控除証明書**、**生命保険料控除証明書**、**寄付金等の領収書**などの控除関係の証明書や領収書も保管しておきます。

「簡単仕訳帳」をダウンロード＆開く

❖ 簡単仕訳帳をダウンロードしよう！

本書で解説している「簡単仕訳帳」は、下記の青春出版社のホームページから無料でダウンロードできます。データは zip 形式で圧縮されているので、ダウンロード後に解凍してご利用ください。

▼青春出版社の HP の本書のページ

http://www.seishun.co.jp/aoiroshinkoku

❖ 簡単仕訳帳を開く

簡単仕訳帳で主に使うのは次の2つのシートです。

①仕訳帳　　②決算書　　（③科目コード表）

主要なシートは①と②。
決算書は仕訳帳に入力すると自動で出来上がりますよ

③科目コード表を使うのは特別なとき（80ページ）だけ。

その他、以下のような入力をサポートしてくれる計算シートをつけましたので、適宜ご活用ください。

④簡易減価償却・固定資産台帳

⑤交通費一覧表

入力するのは、
仕訳帳だけでいいのね

① 仕訳帳

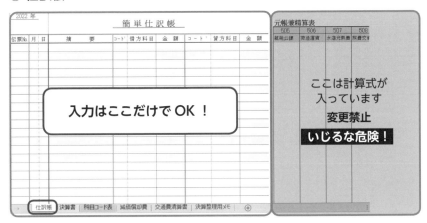

簡単仕訳帳 （2022年）

伝票No.	月	日	摘　要	コード	借方科目	金　額	コード	貸方科目	金　額

入力はここだけで OK！

元帳兼精算表

505	506	507	508
租税公課	荷造運賃	水道光熱費	旅費交

ここは計算式が
入っています
変更禁止
いじるな危険！

仕訳帳 | 決算書 | 科目コード表 | 減価償却費 | 交通費清算書 | 決算整理用メモ | ⊕

② 決算書

自動で出来上がる！

貸借対照表

101	現金			
103	普通預金			
107	売掛金		202	買掛金
109	棚卸資産		203	借入金
112	未収入金		204	未払金
113	仮払源泉税			
114	その他の資産		208	その他の負債
121	建物			
122	建物付属設備			
124	車両運搬具			
125	工具器具備品			
126	土地		301	事業主勘定
127	敷金保証金		302	元入金
128	その他投資			特別控除前利益
	合計			合計

損益計算書

502	仕入		401	売上(報酬)
505	租税公課		402	雑収入
506	荷造運賃			
507	水道光熱費			
508	旅費交通費			
509	通信費			
510	広告宣伝費			
511	接待交際費			
512	損害保険料			
513	修繕費			
514	消耗品費			
515	減価償却費			
519	利子割引料			
520	地代家賃			
521	貸倒金			
522	管理費			
523	支払手数料			
524	新聞図書費			
530	雑費			
	計			
	特別控除前利益			
	合計			

… | 決算書 | 科目コード表 | 減価償却費 | 交通費清算書

③ 科目コード表

コード	勘定科目	⇩	⌐
資産	101	現金	○	△
	102	当座預金	○	
	103	普通預金	○	△
	104	通知預金	○	
	105	定期預金	○	
	106	受取手形	○	
	107	売掛金	○	
	108	有価証券	○	
	109	棚卸資産	○	○
	110	前払金	○	
	111	貸付金	○	
	112	未収入金		○
	113	仮払源泉税		○
	114	その他の資産		○
	121	建物	○	○
	122	建物付属設備	○	○
	123	機械装置		○
	124	車両運搬具	○	○
	125	工具器具備品	○	○
	126	土地	○	
	127	敷金保証金		○
	128	その他投資		○
負債	201	支払手形	○	
	202	買掛金	○	○
	203	借入金	○	○
	204	未払金	○	○
	205	前受金	○	
	206	預り金	○	○
	207	貸倒引当金	○	
	208	その他負債		○
	209	共有者持分		
資本	301	事業主勘定	○	○
	302	元入金	○	○
	303			
収益	401	売上(報酬)	○	○
	402	雑収入	○	○
	403	その他収益		

仕訳帳 | 決算書 | 科目コード表 | 減価

1章 さっそくはじめよう！ 藤原さんの「簡単仕訳帳」

基本操作1 お金の出入りは「科目」を見つけて入力

❖ 科目コード（数字）で自動入力＆仕訳

お金の出入りは、「科目」（勘定科目）を見つけて入力（記帳）します。科目の詳細は、右ページの通り。

入力の際は「コード」欄に**科目コードの数字を入力**します。自動で勘定科目が表示されます（「科目」欄に入力する必要はありませんし、できません）。たとえば、コピー用紙を買ったら「514」と打ち込めば「消耗品費」が、事業の売上が入金されたときは「401」と打ち込めば「売上」がそれぞれ自動で表示されます。

> 入力はコードだけ！　科目は自動表示

摘　　要	コード	借方科目	金　額	コード	貸方科[目]
コピー用紙	⑤514	消耗品費	3,000		
インクジェット	514	消耗品費	5,000		

❖ 収益、費用、資産、負債、資本…？　わからなくても大丈夫！

科目は、大きく「収益・費用・資産・負債・資本」の5つの分野に分かれています。でも、それらを覚える必要は（わからなければ理解する必要も）ありません。**右の早見表を見ながら入力すればOK！**

事業で使った（または入った）お金を、科目を見つけて入力するだけで、青色申告書に必要な**決算書が自動的にできあがる**ようになっています。

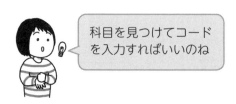

> 科目を見つけてコードを入力すればいいのね

「簡単仕訳帳」の科目コード早見表

	コード	勘定科目	説　明		コード	勘定科目	説　明
資産	107	売掛金	売上代金の未回収分	負債	202	買掛金	仕入れ代金の未払い分
	109	棚卸資産	商品などの在庫		203	借入金	銀行などからの借入れ
	112	未収入金	売掛金以外で請求したもの		204	未払金	支払い義務があるもの
	113	仮払源泉税	報酬から天引きされた税金		206	預り金	源泉税を天引きしたもの、不動産を貸している場合の敷金など
	114	その他の資産					
	121	建物	木造建築、マンションなど		208	その他の負債	
	122	建物付属設備	空調、電気設備など				
	124	車両運搬具	車ほか				
	125	工具器具備品	パソコン、応接セットなど	資本	301	事業主勘定	自動入力されます
	126	土地	マンションの土地部分を含む		302	元入金	1年の最初だけ使います
	127	敷金保証金	賃貸の敷金など				
	128	その他投資		収益	401	売上 (報酬)	商品・サービスの提供による収益
費用	502	仕入	商品、原材料など購入費用		402	雑収入	売上以外の収益
	505	租税公課	固定資産税、自動車税など				
	506	荷造運賃	宅配便、荷造の材料費				
	507	水道光熱費	電気・ガス・水道代				
	508	旅費交通費	電車、バス、タクシー代、出張の宿泊費など				
	509	通信費	電話、郵便、インターネット代				
	510	広告宣伝費	広告掲載料、チラシ制作費				
	511	接待交際費	取引先との飲食や慶弔見舞金・お土産代				
	512	損害保険料	火災保険や自動車保険料				
	513	修繕費	家屋やパソコンの修理代など				
	514	消耗品費	事務用品、少額の固定資産など				
	515	減価償却費	固定資産を決算で費用化				
	519	利子割引料	ローンの利子				
	520	地代家賃	家賃、共益費、駐車場代など				
	522	管理費	マンション管理費、メンテナンス料				
	523	会費等	年会費、手数料など				
	524	新聞図書費	業務で必要な新聞・書籍代など				
	525	リース・賃借料	機材等のリース、レンタル代				
	526	専従者給与	事業に専従する家族への給与				
	530	雑費	上のどれにも該当しない費用				

番号は、簡単仕訳帳の「決算書」のシートでも確認できます。見慣れない科目は「決算整理」（3章）で説明しますよ

おしえて！ 藤原さん

Q. 仕訳帳？ 「科目」って？ そもそも複式簿記は、なぜ必要なの？

 「帳」とつくものと言ったら「おこづかい帳」くらいしかつけたことのない簿記初心者なので、そもそも「仕訳帳って何？　科目って国語とか数学とか？」ってレベル。細かいことはいいので、ざっくり「なんでこんなことする必要があるのか」だけ、知りたいんですけど。

おこづかい帳は「何に使ったか」分けて書いてあるので立派な仕訳帳ですよ。「合計」と「残高」が書いてあれば会計帳簿です。
「なぜ記帳するのか」は、「利益の額を知るため」ですね。

……本当にざっくりですね。じゃ、白色申告と青色申告の違いは？

一番の違いは、貸借対照表があるかどうか、です。白色申告は、前ページの表の下半分（収益・費用）だけ。青色申告は上半分（資産・負債）もあります。

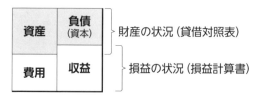

(いきなり難しくなったぞ) えっと……「貸借対照表」ってのがあると、どう違うんです？

その人（事業者）の**財産の状況**がすべてわかります。ちなみに、青色申告の条件として所得税法施行令で以下のように明記されてます。「所得の金額が正確に計算できるように、**資産、負債及び資本に影響を及ぼす一切の取引を**」「**整然と、かつ明瞭に記録し**」「**貸借対照表及び損益計算書を作成する**」……中山さん、大丈夫ですか？　聞いてます？

　……はっ、スミマセン。脳の動きが止まる呪文がどこからか……。

　「手元のお金だけじゃない、**すべての取引をだれが見てもわかるように記録してね**」ってことです。所得税は「申告納税方式」、つまり事業者の申告で税金が決まります。「何か不明な点があればプロ（税務署の人）が行って確認しますから、決まったルールに従って記録しといてね」ということです。

　最初からそう言ってくださいよぉ。なるほど、そのプロ仕様の決まったルールでの記録方法が「複式簿記」なんですか？

　はい。一般に「複式簿記」だと言われています。確かに複式簿記ってすばらしい「記帳」のしくみです。公認会計士にとって正確に作られた決算書は、その事業者や会社のありようを一目で丸裸にして骨まで見えちゃうレントゲン写真みたいなものなんです。

　おそろしや……。でも、それって事業の課題や問題点にあたる「病気」の発見につながるってことか。たしかに損益は赤字でも、財産があるかないかで状況は違うものね、ふむふむ。貸借対照表が必要な理由、納得できました！

基本操作 2 **お金が出ていったときの入力**

❖ 費用（経費）の入力は…

お金を使ったときの入力を見てみましょう。

たとえば、仕事で使うコピー用紙などを買ったときは……。

月	日	摘　　要	コード	借方科目	金　額	コード	貸方科目	金　額
1	10	コピー用紙	514	消耗品費	3,000			
1	10	インクジェット	514	消耗品費	5,000			

支出は左側！

このように、コード番号と金額を**左側（借方科目）に入力**します。

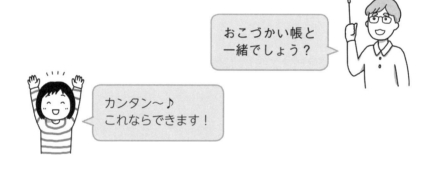

おこづかい帳と
一緒でしょう？

カンタン〜♪
これならできます！

❖ 科目で迷ったら…

「荷造のヒモやガムテープは、荷造運賃？　消耗品？」と悩んだら……、
どっちでも OK！　**あなたが決めればいいん**です。一度決めたら継続す
るだけ。また、あなたの事業に合わせて**科目名を変更**することもできま
す（80 ページ参照）。

知りたい人だけ読むコラム

おしえて！ 藤原さん

Q. 入力額は、消費税込みでいいの？

入力する金額は、税込みの金額でいいんですね？

はい。簡単仕訳帳は、売上 1000 万円までの人向けです。**売上が 1000 万円以下の事業者は免税事業者**、消費税を納めなくていいので、経費も報酬も消費税込みの金額で入力してください。

免税……すてきな言葉ですねぇ（しみじみ）。それと同じくらい、消費税の申告作業をしなくてよいのも、ずぼらにはうれしいかぎり。

売上 1000 万円を超えても 5000 万円までなら「**簡易課税方式**」という簡単な納税方法があります。その方法なら、簡単仕訳帳でも対応は可能です。

年商 5000 万円、この本が何部売れれば……（電卓を叩く）。

ただ売上が 1000 万円を超えてくると、消費税の申告以外にも法人（会社）化やさまざまな対策が必要になってきます。定番の会計ソフト（有料）なら消費税の処理を自動でしてくれますし、税理士さんに相談するとプロならではの節税アドバイスで結果的にお得になるケースも。2023 年10 月からは消費税の適格請求書等保存方式（いわゆるインボイス制度）がはじまりますから、売上 1000 万円前後の人は相談してみてください。

1 章　さっそくはじめよう！　藤原さんの「簡単仕訳帳」

基本操作3 お金が入ったときの入力

❖ 売上（入金）の入力は…

お金が入ってきたときの入力を見てみましょう。

執筆した本が刊行して印税が支払われたときは……

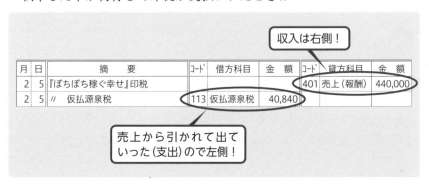

月	日	摘　　要	コード	借方科目	金　額	コード	貸方科目	金　額
2	5	『ぼちぼち稼ぐ幸せ』印税				401	売上（報酬）	440,000
2	5	〃　仮払源泉税	113	仮払源泉税	40,840			

収入は右側！

売上から引かれて出て
いった（支出）ので左側！

このように、コード番号と金額を**右側（貸方科目）に入力**します。

また、源泉徴収税が引かれている場合は、仮払源泉税として左側（借方科目）に入力します（詳しくは次のページ）。

お金が入ったときは右側、これもおこづかい帳と一緒ですよ

ですね！　そして、仮払源泉税は、私みたいなぼちぼちフリーランスは青色申告すると戻ってくるはずのお金です♥

おしえて！ 藤原さん

Q. 報酬額と振込金額が合わないのは、どうして？

 たたた、大変です！ 編集料がS社から振り込まれてたんですけど、「支払調書」に書かれていた金額より少ないんです！ もしや、あのときの誤植のペナルティが……（冷や汗ダラダラ）。

 はいはい、落ち着いて。支払調書をちょっと拝見……ふむ、これは**源泉徴収税が引かれている**んですよ。ほら、この部分です。

令和 3 年分 報酬、料金、契約金及び賞金の支払調書				
住所(居所)又は所在地	東京都新宿区若松町12-1			
氏名又は名称	増刷 レン子		個人番号又は法人番号	
区　分	細　目	支 払 金 額	源泉徴収税額	
印税	「品のし申告術」1刷	249 814	25 500	
編集料	「ぼちぼちフリー道」	100 000	10 210	
(摘要)				

源 泉 徴 収 税 額	
千	円
25	500
10	210

 ……あ、そうなのね（ほっ）。

 原稿料、デザイン料、講演料や特定の資格を持つ人の報酬などの場合は、支払う側が所得税（10％）と復興特別所得税（0.21％）をあらかじめ差し引いて**個人に代わって仮に税務署に収めてくれている**んですよ。

税金がもう引かれているから、納税しなくてよいってこと？

 違います。これは所得税の仮納付。だから科目が「仮払源泉税」です。その年の所得税は、確定申告することで最終的に決まりますから、仮払いした源泉税が多ければ「還付」、少なければ「納付」になります。

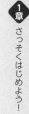

「決算整理」でときどき登場する入力

❖ 決算整理のときだけ登場、「貸方」「借方」両方の入力

年末は、決算整理で入出金以外の入力があります。

◆ 12月にカードで購入した消耗品が翌年引き落としのとき…

月	日	摘　　要	コード	借方科目	金　額	コード	貸方科目	金　額
12	31	コピー用紙	514	消耗品費	3,000	204	未払金	3,000
12	31	インクジェット	514	消耗品費	5,000	204	未払金	5,000

決算整理のときだけ登場！
詳しくは3章で説明します

決算整理と引継のときだけ、コード番号と金額を「貸方」と「借方」、左右両方の欄に入力する場合も登場します。

これらのパターンは決まっています。3章や巻末特典付録の仕訳事例集で具体的に紹介していますので、参考にしてください。

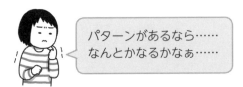

パターンがあるなら……
なんとかなるかなぁ……

いわゆる複式簿記の入力法です。
覚えちゃえばなんてことないですよ

開業初年の人（引継ぎ資産なし）

❖ 開業初年 or 白色申告だった人は…

　開業初年やこれまで白色申告だった人など、初めて青色申告をする人は、**事業でお金の出入りが発生したとき**から入力をはじめればOK。

　開業前に独立のために使ったお金、たとえば、名刺作成のための費用などは、**少額なものであれば開業日の費用**として差し支えありません。

　4月1日に開業、事前に準備しておいた開業案内のお知らせハガキを送り、名刺をもってあいさつ回りに出かけたときは、以下の入力です。

◆ 4 月 1 日に開業した人の最初の入力

月	日	摘　要	コード	借方科目	金　額	コード	貸方科目	金　額
4	1	開業案内ハガキ製作費	510	広告宣伝費	20,000			
4	1	名刺	514	消耗品費	10,000			
4	1	あいさつ回り交通費	508	旅費交通費	620			

> 開業前に使った費用でも、10万円未満なら仕訳の日付は開業日、領収書の日付は開業前でOK！

事業のために用意したお金は、
入力不要なのね

はい。簡単仕訳帳では、
必要ありません

＊開業のために使った費用は「開業費」（繰延資産）として、開業年度以降に（任意）償却するのが本来の処理です（58, 106ページ参照）
＊10万円以上のパソコンや大きな設備、また自宅や車を仕事に使うなど固定資産がある人は、最初の入力3（56ページ）も参照してください

おしえて！ 藤原さん

Q. 現金、普通預金、
入力しなくていいの？

 他の会計ソフトだと、最初に「開業資金」や「元入金」を「普通預金」や「現金」で入力してますけど、なくっていいんですか？ まぁ、実際のところ、私は 事業専用の口座も作ってないんですけど。

はい。開業資金 、現金、普通預金 の入力 は必要 ありません。

普通の考え方（他のソフト）では、事業用の財布（現金、預金）を準備して、ここからの入出金を記録しようとします。だから、「開業資金」を事業用の財布（現金や普通預金）へ移す必要があるわけです（「開業資金」＝「元入金」です）。

「簡単仕訳帳」では、事業用の財布がない（考えない）ので「開業資金」は不要ですから、「元入金」もありません。「あなたの財布からの事業用の入出金」を記録するだけで、現金か預金かの区別も必要ありません。図にすると、こんな感じです。

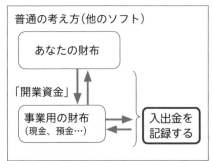

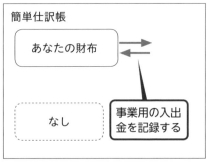

事業用のお金の記録だけすればいいって超シンプル！　でもって、「言われてみればあたり前」のコロンブスの卵的発想！　これまでは、「これは事業主借？　事業主貸？」って頭がグルグル、そのうえ「生活費で精算」を毎月しなきゃいけなくて、帳尻合わせるためだけなのに面倒くさいなぁ……って思ってたんです。……ただ、ラクチンで助かるんですけど、正直シンプル過ぎてこれで大丈夫かしら、とちょっと不安になります。貸方科目や借方科目も空欄のままで、ホントに大丈夫ですか？

　大丈夫です。空欄のように見えますが、実は、ここには「事業主勘定」っていう科目が入って仕訳をしてくれるように工夫してあるんです（13ページ参照）。支出なら「事業主の財布から出金しました」、収入なら「事業主の財布へ入金しました」という意味ですよ。「事業主借」と「事業主貸」を分けても意味がないので、「事業主勘定」一つです。会計初心者のために省略しましたが、**会計のプロが見ればすぐにわかる仕掛け**です。

　会計のプロだったら自明の理と。それを聞いて安心しました～。
さすが、ずぼらな私でも納得のシンプルの師！
フリーランスのみなさんも大助かりですね。

シンプルってすばらしい～

すでに青色申告をしている人

❖ 他ソフトから移行する or 手書きで申告していた人

　これまで手書きで青色申告をしていた人や、他のソフトで青色申告をしていた人は、前年の決算書に記載してある、12月31日の金額（現金、預金、未払金など）を仕訳帳に転記し、「繰越」をします。

　そのうえで、繰り越したもののうち、クレジット払いや未払金や仮払源泉税などの短期間に確実に精算されることがわかっているものは、「振り戻し」の処理をします。年始にこの処理をしておけば、引き落としや振り込みがあったときはなにもしなくてOK！

❖ 現金、預金はスッキリ整理

　さらに、他のソフトや帳簿では記帳していた現金や預金などの入力は簡単仕訳帳では必要ないので事業主へ戻します。

　これで、年はじめの入力は完了！

　その後は、お金の出入りがあった日から入力をすればOKです。

私はこのケースでした！
ここまで丁寧におしえてくれると助かります〜

「繰越」と「振り戻し」は毎年、
年始（期首）に登場しますよ

◆前年の決算書を見ながら…

貸借対照表 （資産負債調）

氏名 おサルの ケイコ

(令和 2 年 12 月 31 日現在)

資　産　の　部			負　債・資　本　の　部		
科　目	1 月 1 日 (期首)	12 月 31 日 (期末)	科　目	1 月 1 日 (期首)	12 月 31 日 (期末)
現　　金	300,000 円	40,000 円	支 払 手 形	円	円
当 座 預 金			買　掛　金		
定 期 預 金			借　入　金		
その他の預金		100,000	未　払　金		50,000
仮払源泉税		80,000			
			事 業 主 借		285,000
			元　入　金	300,000	300,000
事 業 主 貸		3,680,000	青色申告特別控除前の所得金額		3,300,000
合　　　計	300,000	3,935,000	合　　　計	300,000	3,935,000

◆仕訳帳期首に引継（繰越）転記

月	日	摘　　　要		コード	借方科目	金　額	コード	貸方科目	金　額
1	1	前年繰越	現金	101	現金	40,000			
1	1	〃	普通預金	103	普通預金	100,000			
1	1	〃	仮払源泉税	113	仮払源泉税	80,000			
1	1	〃	（事業主貸）	302	元入金	3,680,000			
1	1	〃	未払金				204	未払金	50,000
1	1	〃	（事業主借）				302	元入金	285,000
1	1	〃	（元入金）				302	元入金	300,000
1	1	〃	（控除前利益）				302	元入金	3,300,000
1	1	振り戻し	仮払源泉税				113	仮払源泉税	80,000
1	1	〃	未払金	204	未払金	50,000			
1	1	現金を事業主へ戻し					101	現金	40,000
1	1	普通預金を事業主へ戻し					103	普通預金	100,000

未払金、仮払源泉税などは
「振り戻し」

現金や預金は必要ないので、事業主へ戻し！

家や車…仕事で使う資産がある人

❖ 持ち家、車など、「個人の固定資産」を仕事で使う人

前年の貸借対照表がない人（白色申告→青色申告、青色申告開始）で、自宅や自家用車などの個人の固定資産を仕事に使っている場合は、最初に、**車や家などの固定資産やローンを入力**しなければいけません。そうすることで、ローンの利子分や固定資産の減価償却費などを事業で使用している割合に応じて経費にできるようになります（66、96、102 ページ参照）。

ローンの残額などは返済表で確認。車や家の現在の額（未償却残高といいます）は、下や右ページの計算式を使って算出します。そしてここで、ひと手間。**左右（借方・貸方）同額になるように、「元入金」で差額を入力、調整**します。

◆ 仕事で車（ローン有）を使うとき（白色申告→青色申告）

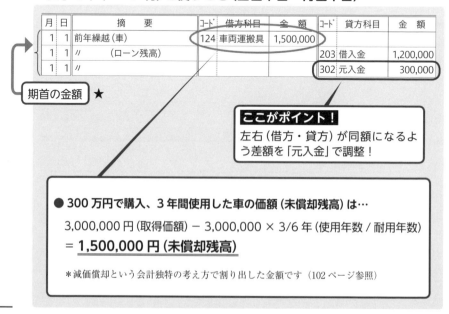

月	日	摘　　要	コード	借方科目	金　額	コード	貸方科目	金　　額
1	1	前年繰越（車）	124	車両運搬具	1,500,000			
1	1	〃　　（ローン残高）				203	借入金	1,200,000
1	1	〃				302	元入金	300,000

期首の金額 ★

ここがポイント！
左右（借方・貸方）が同額になるよう差額を「元入金」で調整！

● **300 万円で購入、3 年間使用した車の価額（未償却残高）は…**

3,000,000 円（取得価額）－ 3,000,000 × 3/6 年（使用年数 / 耐用年数）

= **1,500,000 円（未償却残高）**

＊減価償却という会計独特の考え方で割り出した金額です（102 ページ参照）

◆自宅マンション (ローン有) を職場にしたとき (青色申告開始)

月	日	摘 要	コード	借方科目	金 額	コード	貸方科目	金 額
1	1	マンション建物	121	建物	17,428,571			
1	1	土地	126	土地	5,000,000			
1	1	住宅ローン残高				203	借入金	12,125,022
1	1	元入金				302	元入金	10,303,549

期首の金額 ★

左右 (借方・貸方) が同額になるよう差額を「元入金」で調整!

●昨年末まで 10 年間自宅としていた建物 (取得価額 2000 万円) の未償却残高は…

取得価額 − 耐用年数 (47 年) の 1.5 倍の耐用年数で旧定額法により計算した減価の額

= 20,000,000 (取得価額) − 20,000,000 × 0.9 × 1/70 × 10 年

= 20,000,000 − 2,571,429

= **17,428,571 円 (未償却残高)**

旧定額法は× 0.9

47×1.5＝70.5 (切り捨て)

●建物＆土地、それぞれの価格は… (消費税から逆算法)

売買契約書に明記された消費税額を使って、消費税の課税対象である建物の金額を算出

消費税額 ÷ 3 〜 10%(購入時の消費税率) ＋ 消費税額 ＝ **建物の税込金額**

＊新築マンションはこれに「修繕積立基金」などが加わる場合があります

取得総額 − 建物の税込金額 ＝ **土地の価額**

★「期首の金額」は確定申告の決算書の入力で登場します (121 ページ参照)

手ごわそうな作業ですが……
私でもできたので大丈夫!

手がかかるのは最初だけ。あとは引き継いでいくだけですよ

知りたい人だけ読むコラム

おしえて！ 藤原さん

Q. 独立前に使ったお金も経費にできるってホント？

 開業前に使ったお金も経費で落とせるなんて助かりますね！

事業のために使ったお金は費用になってトーゼンです。ただし、開業前、ということは記帳する前に使ったお金ですから、別途、領収書などをそろえて集計しておき、「開業費」という繰延資産にしてから記帳を始めます。

ぬおぉぉ……またわからない専門用語で煙に巻かれそうです……。結局、お得になるの？　ならないの？　そこをサクッとお願いします。でないと、面倒くさくて入力のモチベーションが湧きません〜。

……ゲンキンな人ですね。**費用にして利益を減らせますから、お得です。**ちゃんと集計して計上してください。
繰延資産の場合は費用にすることを「償却」といいます。聞きなれない言葉ですが、「数年間で費用化していくこと」です。

ん？　そういえば、償却っていうのは聞いたことがあるぞ。たしか、高額のパソコンなんか（固定資産）を買ったときに……。

おお、よく覚えていましたね。そう、固定資産の場合は「減価償却」といって、パソコンでしたら購入金額を耐用年数（4年）で4分割

して、その額を毎年「減価償却費」として計上していくのが原則です。

「原則」ということは「例外」もあると？　……そうだ！　たしかそれを一括で費用にできる特例が青色申告をしているとあるんでしたよね？

はい、開業費の場合は、年ごとに償却する額を設定して「任意償却」することができますから、1年ですべて償却するのも「任意」です（106ページ参照）。

はっ、それって開業した年が儲からなかったら償却しないでおいて、翌年以降の儲かった年に償却して利益を減らしてもいいってこと？

そうです。超お得でしょ？　開業準備中の店舗や事務所の家賃、光熱費、その他、借入利息なんかも計上できますよ。ちなみに、これは青色申告だけの特例というわけではありません。

ほぉぉ！　私なんかは名刺やせいぜいパソコンくらいですが、お店を開いたり事務所を構えたりと、開業に当たって投資した額が大きい人にはありがたいですねぇ。

そういう意味でも、開業費は財産（資産）なんです。

なるほど！　資産の意味が前よりわかった気がします！

知識こそ人の財産。会計や税の仕組みを知ることがお得な人生への一番の近道ですよ。

領収書＆レシート、支払調書などを
ファイリング

❖ レシートでもOK！　必ずもらうこと

　仕事にかかわる出費の際は、必ず領収書かレシートをもらいましょう。領収書とレシートは、事業の費用を証明する大切な証拠資料です。宛名、金額、日付、摘要（何のための費用か）がきちんと記載された領収書がベストですが、レシートでもOKです。

❖ 何の目的の経費かわかるようにメモを残す

　領収書・レシートの余白に、**仕事との関連性がわかるようにメモを残**すこと。「お品代」となっている領収書は「何を買ったか」、取引先との飲食代の領収書は「どこの、誰と」を書き足します。事業との関連性を説明できるようにしておけば、万が一の税務調査でも慌てませんよ。

❖ 忘れないうちに早めに整理

　領収書やレシートをもらったら早めに整理を。年が明けてから1年分を整理するとなると、記憶が薄れ、余計な時間がかかります。

❖ 基本は日付順に入力＆ファイリング、データは電子保存

　入出金は、なるべく日付順に帳簿へ入力し、伝票No.（記帳番号）を領収書に記入して、スクラップブックなどへ貼り付け。伝票No.から領収書が探せるようにします。帳簿への入力は**日付順が原則**ですが、自動引き落としやクレジット払いなどは後からまとめて入力してもOK。前の日付のものが出てきたら、その旨を明記して出てきた時点で入力すればOK。さかのぼって修正する必要はありません。

　メールなどでやりとりされた注文書・領収書・請求書などの**電子データは、要件にしたがって保存**する必要があります。くわしくは、国税庁のサイトで「電子帳簿保存法」関連のページをご確認ください。

◆ 事業に使ったお金は、領収書かレシートを必ずもらう

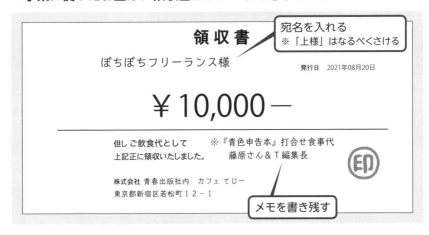

◆ スクラップブックなどに貼り付けて、なるべく早く整理

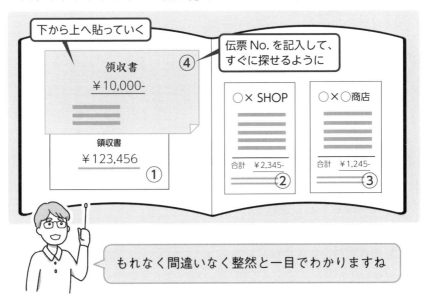

入出金時に仕訳帳に入力

伝票No.	月	日	摘　　要	コード	借方科目	金　額	コード	貸方科目	金　額
4	8	20	打合せ飲食代	511	接待交際費	10,000			

おしえて！ 藤原さん

Q. 入力の手間を省きたい！ 「〇月分〜」とまとめちゃってもいい？

 資料用の本を買ったり飲食しながら取材や打合せをしたりする機会が多いので個別に入力するのが面倒で……。まとめて「〇月分資料代」、「〇月分打合せ飲食代」と一括入力しちゃってますけど……いいですよね？

うーん……、お金の出入りごとにするのが原則ですけど、「もれなく間違いなく入力」してあることが「整然と、かつ明瞭に」示すことができるならばOKでしょう。せいぜい月ごとにとどめるべきですが。

透明のポケットファイルに月ごとにインデックスを立てて入れてます。探すのもラクチンです！　メモはそのつど書き入れて「何の資料代か？」「何の打合せか？」は公明正大にやっております、エヘン！

透明でも袋に入っていると、領収書が重なって、取り出さないと見えないので、会計監査をしていた立場からすると、かなりマイナス点です。税務調査も同じかもしれません。

調査員様の質問には、証拠をつけてお待たせしないつもりです！

はいはい、そこまで言うならご自分の責任で。領収書などの整理は、自分だけでなく他人から見てもすぐわかるようにしておくと、たとえば税理士さんに頼むことになった場合なども助かりますよ。

2章

こんなときどうする？
仕訳例ほか Q&A

「領収書がない経費はどうするの？」

「自宅で仕事をしているときの家賃やローンの仕訳は？」

「エラーメッセージが出ちゃった！」……などの仕訳や操作の疑問に

答えます！

交通費、冠婚葬祭…、個別の領収書がない経費

❖ 交通費は出金伝票、または一覧表で

電車やバスなどの支払は、一つの交通系ICカードで、プライベートと仕事用の両方を使っている人がほとんどでしょう。チャージの際の領収書はあっても、乗車ごとの領収書はありません。

そんなときは、**出金伝票に記入**しておきましょう。市販されているものでも、自分で作ったものでもかまいません。

また、仕事で毎日出かけるなど頻繁な場合は、1週間または1か月単位でまとめて合計を入力してもOK。出金伝票は省いて一覧表にしておきます。便利な**交通費精算書**（88ページ参照）も用意しましたので、ご活用ください。

❖ 冠婚葬祭などは、出金伝票＋αで

冠婚葬祭の際のお祝い金や香典などの領収書がもらえない経費は、出金伝票に加えて、会のお礼状なども一緒に残しておくとよいです。

親族一同　　　　　　　　　　　　　　　　　　　　　　　　　弊社　代表取締役社長故山田一郎儀
喪主　　　　山田太郎　　　　　　　　　　　　　　　　　　　葬儀に際しましてはご多用中にもかかわ
葬儀委員長　佐藤三郎　　　　　　　　　　　　　　　　　　　らずわざわざご会葬を賜り有難く厚くお
山田商事株式会社　　　　　　　　　　　　　　　　　　　　　礼申し上げます
〒　住所　　　　　　　　　　　　　　　　　　　　　　　　　早速拝趨の上お礼申し上げるべきとこ
　　　　　　　　　　　令和○年○月○日　　　　　　　　　　ろ略儀ながら書中を持ちましてお礼申し
　　　　　　　　　　　　　　　　　　　　　　　　　　　　　上げます
　　　　　　　　　　　　　　　　　　　　　　　　　　敬具

会葬のお礼状など、出金伝票と一緒に残しておく

◆ 交通費は出金伝票に記入

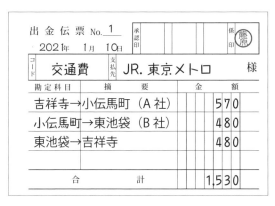

出金伝票は文具店などで買えますよ

◆ または、交通費精算書を使って記入＆計算し、

交通費精算書				(伝票No. 6)
年月日	交通機関	経 路	金 額	用 件
2021/01/10	東京メトロ	吉祥寺ー小伝馬町(A社)	570	A社打合せ
	東京メトロ,JR	小伝馬町ー東池袋(B社)	480	B社打合せ
	東京メトロ,JR	東池袋ー吉祥寺	480	
		合計	9,900	

◆ ひと月分をまとめて、仕訳帳に入力しても OK！

伝票No.	月	日	摘 要	コード	借方科目	金 額	コード	貸方科目	金 額
6	1	31	1月分交通費(明細別紙)	508	旅費交通費	9,900			

＊交通費や資料代などのうち、仕事先からあとで支払われた立替金の処理は 98 ページを参照してください

自宅で仕事をしているとき費用にできるものは？

❖ 自宅を事務所に使っているとき

　自宅で仕事をしている人は、仕事で使ったもの、たとえば、家賃、光熱費、固定資産税などを費用として計上できます。「●●事務所」と看板を出していなくても OK ですよ！

❖ 按分割合は「合理的な説明」ができれば OK

　事業の費用にする額は、使用している床面積などで按分（基準となる数量に比例して割りふること）して計算します。

　按分比率の計算に決まったものはありません。「こういう理由でこれだけ仕事に使っています」と合理的に説明できれば OK です。

　分からないことがあれば、税務署へ相談に行ってみるのもオススメ。確定申告の繁忙期を避ければ、親切に相談に乗ってくれますよ。

◆ 自宅を仕事場にしている（事業専用割合 40%）とき…

月	日	摘　　要	コード	借方科目	金　額	コード	貸方科目	金　額
4	15	マンション管理費 4 月分（10,000 円×40%）	522	管理費	4,000			
4	20	電気代 4 月分（7,000 円×40%）	507	水道光熱費	2,800			
4	31	トイレ改修費（200,000 円×40%）	513	修繕費	80,000			

トイレの修理代も経費になるんだ～！

◆自宅で仕事をしているとき経費になるもの

◯ 経費になるもの

家賃、光熱費、住宅ローン利子、
家の減価償却費など

➡ 面積比などで按分、**経費に！**

✕ 経費にならないもの

土地、ローンの元本返済分

◆車を仕事で使っているとき経費になるもの

◯ 経費になるもの

ガソリン代、保険料、ローン利子、
駐車場代、減価償却費など

➡ 使用割合で按分、**経費に！**

✕ 経費にならないもの

ローンの元本返済分

仕事専用で使っている場合は、
もちろん全額が経費ですよ。
次ページの「これは経費になり
ますか？」早見表もご活用を

❖「これは経費になりますか？」早見表

	摘　要	勘定科目	備　考
経費になるもの（最終的になるもの含む）	アパート・マンションの家賃	地代家賃	事業専用割合のみ
	電気・ガス・水道代	水道光熱費	〃
	車・住宅ローンの利子	利子割引料	〃
	トイレの修理代	修繕費	〃
	仕事部屋のエアコンの修理代	〃	専用室は100%
	営業のための得意先との飲食代、手土産代、義理チョコ代など	接待交際費	事業への関わりを説明できるもの
	仕事相手へのお中元・お歳暮代	〃	〃
	仕事に関係するクラウドファンディングの支援金	〃	〃
	仕事がらみのセミナー・イベント参加費	接待交際費、取材費など	〃
	アンケート・取材に協力してもらった際の謝礼の、図書カード、ビール券などの金券	〃	〃
	仕事の下調べでの映画チケット代、動画サイト使用料	取材費など	〃
	カフェで打合せをしたときの飲み物代	〃	〃
	紀行文執筆のための費用	〃	〃
	パソコン、応接セット、車、撮影機材など、30万円（10万円）未満の固定資産	消耗品費	青色申告の特典を利用
	パソコン、応接セット、車、建物など、30万円（10万円）以上の固定資産	減価償却費	決算整理で減価償却費として
	その他、事業で使うことが説明できるもの	相応の科目	
経費にならないもの	車・住宅ローンの元本返済分	借入金	
	賃貸アパート・マンションの敷金や保証金	敷金・保証金	
	マンションや自宅の土地	土地	
	仕事中に飲むコーヒー・お茶代など	福利厚生費	従業員がいればOK
	その他、事業で使うことが説明できないすべてのもの		

※　一つの目安ですので、迷ったときは税務署に相談してみましょう

おしえて！ 藤原さん

Q. どこまでが経費になるの？

 自宅で仕事をしてるとけっこういろんなものが経費になりますね。トイレの修理代も経費になるなんてびっくり！　助かります〜。

 トイレが壊れてたら仕事になりませんからね。ただし、プライベートでも使いますから事業専用割合分だけです。仕事部屋のエアコンなどは仕事専用の部屋であれば100%経費にして大丈夫ですよ。

 マンションや車のローンは、元本分は経費にならないけど利子は経費にできる、と。あ、あと、固定資産も経費にできるんですよね？

 いえ、固定資産は経費にはなりません。

 え、青色申告の特典で30万円未満のものは経費になるって……。

 その場合は、「消耗品費」として経費にするんです。固定資産そのものは経費にはなりません。固定資産を経費にするためには、決算整理で「減価償却費」にするんです。

 ぬぬぬぅ……またも小難しい理屈がぁぁ。

 次のページでやり方を覚えちゃって下さい。簡単ですから。

2章　こんなときどうする？　仕訳例ほかQ&A

パソコン、机などの固定資産を購入したとき

❖ 30万円未満（税込）の固定資産は費用にできる！

　パソコンや事務机などの仕事で使う備品は、10万円未満なら「消耗品費」など経費で処理できますが、10万円以上の場合は「器具備品」などの固定資産となり、決算整理で減価償却し、数年間で経費にするのが原則です。

　ただし、青色申告の場合は、**30万円未満（税込）で購入した固定資産も、消耗品費として経費にすることができます。**

　なお、買った年に一括で費用にするか、数年かけて費用にするか、どちらでも好きなほうを選べます。

　たとえば、28万円のパソコンを購入した場合、28万円を一括で経費にしてもいいし、年に7万円ずつ4年かけて（パソコンの耐用年数は4年）経費にしていってもいいのです。

　これらの固定資産は**総額300万円まで消耗品費として費用にできます。**

❖ セットで購入した場合は…？

　30万円未満の判断は、「通常1単位として取引される単位ごと」。

　ですから、もし、パソコンとプリンターがセットで売られていたとしても、必ずセットで買うものではありませんから、通常の販売価格に照らし合わせたうえで、**一つひとつが30万円未満であればOK**です。

セット販売などの場合の単価は、定価や市場価格などを元に常識的に判断してくださいね

◆購入年に「消耗品費」で経費にするとき…

月	日	摘　　要	コード	借方科目	金　額	コード	貸方科目	金　額
1	10	パソコン	514	消耗品費	280,000			
1	10	プリンター複合機	514	消耗品費	100,000			

パソコン28万円、プリンター10万円、計38万円が一度に経費にできるのね！

＊数年かけて「減価償却費」で経費にするパターンは102ページで紹介しています！

おしえて！ 藤原さん

Q. 経費にならない「土地」や「借入金」、省略してもいい？

経費になるのは、ローン利子（利子割引料）とマンション建物の減価償却費の専用割合分、と。じゃあ、土地やローン（借入金）は経費にならないから、入力、省略しちゃっていいですか？　面倒くさいし。

は？　いいわけないでしょう。土地もローンもきっちり入力してください。

えーっと……実は、建物をどうしたらいいかよくわからなくて入力してなかったんですけど。あ、減価償却費は経費になるって聞いてたので、計算して忘れず入力してましたよ、エヘン！

……（絶句）。つまり、建物の「減価償却費」と「利子割引料」が存在するのに、「建物」と「借入金」の記載がない決算書を作っていたと……ありえないです、そんな決算書。知識不足ゆえの間違いとはいえ、ちゃんと直さないと青色申告の65万円控除ができなくなりますよ。

そそそ、それは困ります！　修正します！

そもそも、なぜ、土地や借入金を計上するのか、その辺りを理解していないから、こういうことになるんでしょうね。44ページをもう一度よく読んで白色申告と青色申告の違いを思い出してください。

たしか……貸借対照表があるかないか。あ、そうか、資産（建物）や負債（借入金）などの財産の状況までわかるのが貸借対照表でした。青色申告はこれが必須なんですよね。

はい。白色申告は損益計算書だけ。これだけだと、お金の出入りはわかっても所有している財産まではわかりません。すべての財産の状況を申告するのが青色申告の必須条件です。

そうはいっても、経費にならないとなると、モチベーションが下がって、つい……。

繰り返しますが、資産や負債もきちんと記録しないと「現金主義」と判断されて控除額が下がっても文句いえませんからね。

（渋々感たっぷりで）はぁーい。

事業用の資産や負債を把握することは経営の基本。事業の健全性をアピールする上でも大事な情報です。たとえば、融資を受けるときなど貸借対照表の提出を求められます。事業のためのお金が必要なとき味方になってくれるかもしれない大切な書類だと思って、（中山さんはともかく）読者のみなさんは、きちんとしたものを作るようにしてくださいね。

ちょっとちょっと、藤原さん、心の声が見えてますよぉ。私も将来の事業拡大の際の融資に向けて正しい決算書を作るぞー、おー！

家族の給与を経費にするとき

❖ 家族を「青色事業専従者」にする

　青色申告では、生計を共にする家族を「青色事業専従者」にして支払った給与を経費にすることができます。そのためには、「青色事業専従者給与に関する届出書」を提出する必要があります。届け出の〆切は原則として3月15日、新規開業なら2か月以内です。

　青色事業専従者とは、以下の3条件すべてに当てはまる人です。

- ・事業主と生計を一にする配偶者や親族
- ・その年の12月31日現在で15歳以上の人
- ・年間6か月を超える期間、その事業に専ら従事していること
  （特殊な状況では、事業期間の1/2を超える期間）

❖ 給与の額について

　支給する給与の額は一般的な常識や、他の従業員との比較で決める必要があります。また、青色事業専従者になると事業主の扶養控除の対象から外れますので、少額の給与では節税になりません。

家族に給与を払ったとき…

月	日	摘　　要	コード	借方科目	金　額	コード	貸方科目	金　額
2	25	花子 専従者給与 2 月分	526	専従者給与	100,000			

大学生の息子をアルバイトさせて給与にすることは…？

夜間学校など以外は「事業に専ら従事」していないのでダメですね

青色事業専従者給与に関する届出書（記入例）

税務署受付印	青色事業専従者給与に関する		●届　　出　　書		1 1 2 0
			●変更届出		

青梅 税務署長	納税地	●住所地・●居所地・●事業所等（該当するものを選択してください。） （〒 123 － 4567 ） 青梅市東青梅１－２－３ （TEL 03 － 1234 － 5678 ）		
3 年 1 月 11 日提出	上記以外の 住所地・ 事業所等	納税地以外に住所地・事業所等がある場合は記載します。 （〒 123 － 4567 ） 青梅市東青梅１－２－３ オオカミハウス （TEL － － ）		
	フリガナ	コツレ　オオカミ	生年月日	●大正 ●昭和 ●平成 5 年 5 月 5 日生 ●令和
	氏　名	子連れオオカミ		
	職　業	カメラマン	フリガナ	シャシンノジョウズナオオカミサン
			屋号	写真の上手なオオカミさん

令和・ 3 年 1 月以後の青色事業専従者給与の支給に関しては次のとおり ●定　　め　　た
●変更することとした
ので届けます。

1　青色事業専従者給与（裏面の書き方をお読みください。）

	専従者の氏名	続柄	年齢 経験年数	仕事の内容・ 従事の程度	資格等	給料		賞与		昇給の基準
						支給期	金額（月額）	支給期	支給の基準（金額）	
1	オオカミ花子	妻	25歳 5年	撮影補助（週2 ～3回），記帳		毎月 25日	100,000 円			2%程度
2			歳 年				円			
3			歳 年				円			

2　その他参考事項（他の職業の併有等）

3　変更理由（変更届出書を提出する場合、その理由を具体的に記載します。）

4　使用人の給与（この欄は、この届出（変更）書の提出日の現況で記載します。）

	使用人の氏名	性別	年齢 経験年数	仕事の内容・ 従事の程度	資格等	給料		賞与		昇給の基準
						支給期	金額（月額）	支給期	支給の基準（金額）	
1			歳 年				円			
2			歳 年							
3			歳 年							
4			歳 年							

※ 別に給与規程を定めているときは、その写しを添付してください。

関与税理士		税務署	整理番号		関係部門連絡	A	B	C	
（TEL － － ）			0						

おしえて！ 藤原さん

Q. 専従者給与はいくらにしたらオトク？

 家族に払った給料が経費になるなんて〜。それなら、ウチの大学生の息子を専従者にして高い給料を払ったことに……ふっふっふ。

こういう人がいますから、いろんな条件がもうけられてるんですよ。まず、「専らその事業に従事」というところで、夜間学校以外の大学生はむずかしいでしょうね。それから給与の額ですが、一般の常識に照らし合わせて判断しますから、あまり多い額だと目をつけられます。さらに、給与をもらった家族も確定申告の必要がありますから、一定の額以上になると所得税がかかりますよ。

所得税を軽減しようとして、家族に所得税がかかっちゃうなんて……ううう、税金トラップ、油断ならぬ。

稼ぐ者にはみな等しく相応の税がかかりますから。まぁ、こんな茶番はともかく、青色事業専従者の給与額をいくらにするかというのは、みなさん悩むところでしょうね。給与が少ないと節税メリットがありませんし、かといって多くし過ぎてもいけない。**月額88,000円以上の支払いになると月ごとに所得税の源泉徴収が必要**になりますから、その手間もできれば避けたい。というわけで、一般に、月額8万円（年額96万円）くらいがコストパフォーマンスがよいと言われています。

月額 8 万円がコスパがよい、その根拠はなんですか？

 専従者の給与からは下記のとおり、「給与所得控除」と「基礎控除」が差し引かれた額をもとに、所得税と住民税がそれぞれかかります。つまり、所得税なら年額103万円以下、住民税なら年額98万円以下の給与なら、課税所得は0になりますから税金がかからないんですね。

	所得税	住民税
給与所得控除	55万円	55万円
基礎控除	48	43
合　計	103	98

※令和3年より

 なるほど～。月額 8 万円なら年額 96 万円。どちらもセーフだから所得税も住民税もなし！　これはお得ですね！

 毎月の源泉徴収の必要もありませんよ。もちろん「仕事に見合った」給与でなければいけませんが、月額 8 万円というのは説明がつきやすい額でしょう。

 なんにしても、こうした目安があるのは助かります～。

エラーメッセージが出たら…

❖ 仕訳帳シートは、計算式とシートを保護している

　簡単仕訳帳には、正しい決算書を作るための「計算式」が入っています。この大切な計算式のセルを「保護」し、さらにシート全体に保護をかけてあります。

❖ 月日、摘要はコピー・貼付けができる

　入力領域の月日や摘要、コード、金額は保護がかかっていないので、そのまま縦方向にコピー・貼付けすることができます。ただし、「切り取り」による移動をしてはいけません。

❖ 計算式をまたぐとコピー・貼付けができない

　計算式の部分（貸方科目、借方科目、元帳兼精算表の欄）をまたいで、コピーや貼付けをすることはできません。

　計算式の部分をまたいだコピーや貼付けをしようとすると、「⚠変更しようとしているセルやグラフは保護されているシート上にあります。…」というメッセージが出ます。

間違っていじると正しい決算書ができなくなっちゃうのね

右のようなコピーと貼付けならOK！
省エネ入力にご活用ください

◆計算式は保護されている

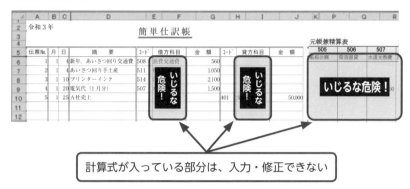

計算式が入っている部分は、入力・修正できない

◆入力エリアは非保護。自由に入力・修正ができる

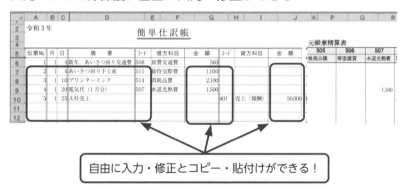

自由に入力・修正とコピー・貼付けができる！

◆コピーすると省エネ入力できる

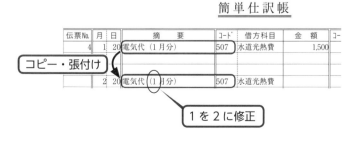

勘定科目の修正が必要なときは…

❖「科目コード表」シートで科目名を修正する

「取材費」「会議費」など、決算書の科目にないものを使いたいときは、科目コード表の黒字の部分を修正してください。自動的に仕訳帳と決算書で科目名が変更されます。

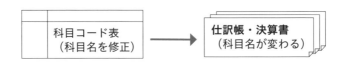

黒字で表示されている科目のなかで、使わないものを変更してご利用ください（科目の単純な「追加」はできません）。

なお、緑色の科目は国税庁 Web サイトの標準科目ですので、ここは変更しないようにしてください。

❖ 決算書に表示されない科目を表示したい

科目コード表にあっても、決算書に表示されない科目があります。フリーランスが必要と思われる標準的な科目を表示しているからです。科目コード表をみると、自分に必要な科目が見つかるかもしれません。

逆に、決算書に不必要な科目が表示されているかもしれません。

83 ページで、決算書の勘定科目を表示／非表示にする方法を説明します。シートの保護を外して作業するので、中級編です。

費用	513	修繕費	○	○
	514	消耗品費	○	○
	515	減価償却費	○	○
	516	福利厚生費	○	
	517	給料賃金	○	
	518	外注工賃	○	
	519	利子割引料	○	○
	520	地代家賃	○	○
	521	貸倒金	○	
	522	管理費		○
	523	会費等		○
	524	新聞図書費		○
	525	リース・賃借料		○
	526	専従者給与	○	○
	530	雑費	○	○

仕訳帳　決算書　科目コード表　減価償却費

黒字科目は変更 OK！
「取材費」「会議費」「資料費」
などご自由に！

私だったら「会費等」を「取
材費」にするといいかも…

「費用」区分での科目の修正があ
りそうですね
その他、開業費がある人も科目の
変更をしますよ（106ページ参照）

シートの修正をするときは…

❖ シートの保護を解除、終わったら保護を忘れずに

　仕訳帳や決算書の科目を表示、または非表示にする場合（次ページ参照）や、仕訳帳の行数を調整する場合（84 ページ参照）は、シートの保護の解除をしてください。

　シートの保護の解除は以下の手順です。

　校閲 → シート保護の解除 の順にクリックして、仕訳帳シートの保護を解除します。

修正するときは
シートの保護の解除

修正が終わったら
シートの保護

　操作が終わったら、校閲 → シートの保護 → OK の順にクリックし、シートに保護をかけるのを忘れずに！

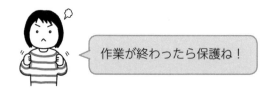

作業が終わったら保護ね！

勘定科目を表示 or 非表示にしたいときは…

◆ 決算書には表示されていない勘定科目がある

　決算書の行は、2、3、5、9となっていて、間の行は"非表示"になっています。ここに必要な科目がある場合は、行単位で"再表示"できます。逆に、余分な科目は行単位で"非表示"にすることもできます。

	A	B	C	D	E
1					
2		貸借対照表			
3	101	現金			
5	103	普通預金			
9	107	売掛金		202	買掛金
11	109	棚卸資産		203	借入金
14	112	未収入金		204	未払金

【非表示の操作法】
左端の行番号3で左クリック
→クリックしたまま行番号5へ
→右クリック→ 非表示 を選択

「101 現金」「103 普通預金」は他のソフトからの移行の際使いますが、その他の場合は不要。非表示にすればスッキリしますよ

◆ 元帳兼精算表

　仕訳帳の右側の「元帳兼精算表」は決算書と同じ科目を表示しています。決算書で表示する科目を再表示／非表示にした場合は、元帳兼精算表の科目も同様に、列単位で再表示／非表示を行うとスッキリします。

A	B	C	AN	AP	AR	AV	AX	BA
令和3年								
			402	101	103	107	109	112
伝票No.	月	日	雑収入	現金	普通預金	売掛金	棚卸資産	未収入金

仕訳帳の行数を調整したい…

❖ 仕訳帳の行数の調整

　まず、シート保護の解除（P.82）をしてください。

　簡単仕訳帳300は、約300の仕訳行数があります。

　決算までのすべての入力作業が終わって、「**多すぎるな？**」と思ったら、その下から**合計の数行手前までの行**を「非表示」にしてください。

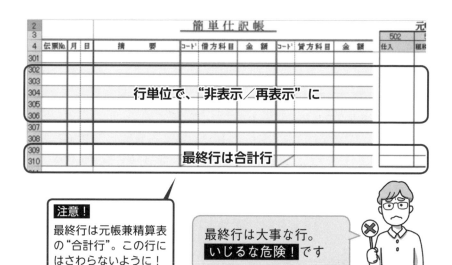

注意！
最終行は元帳兼精算表の"合計行"。この行にはさわらないように！

最終行は大事な行。
いじるな危険！です

　「行が足りない」場合は、**計算式の入っている行をコピーして、合計の数行前に「行の挿入」**をしてください（最終行の合計に影響がないようにしてください。上級編ですから操作は省略します）。

入力モレが見つかったときは…

❖ 入力モレは「追加入力」でOK

　入力より前の日付の領収書が出てきてしまった……など、入力モレが見つかった場合は、前の行を空けて、そこへ入力……は手間ですよね。

　入力済みの最終行の次に「追加入力」すればOKです。

　行の挿入などをすると、入力済みのデータの仕訳番号が変わり、保存してある領収書つづりを修正することになって、実に不自然です。

　<u>堂々と追加入力してください</u>。これが最も自然です。領収書の空いたところに「入力モレにより●月●日仕訳」などの“言い訳”を書いておきましょう。

えっ、それでいいんですか？　楽チーン♪

監査人の目でみると、こちらのほうがよほど誠実で好印象です

❖ 入力モレをデータの並べ替えで対応したい

　入力モレを最後の入力行の次に追加入力して、「データの（日付順）並べ替え」で対応する方法もありますが、上記の理由で<u>オススメできません</u>。

　参考までに、手順は以下のとおりです。

　見出しの行からデータの最終行まで選択して

　データ → 並べ替え → 先頭行をデータの見出しとして使用する →
　レベルの追加

　並べ替え順序を、月＞日＞伝票No、の順に選んで OK を押す。

仕訳帳、元帳兼精算表の印刷をするときは…

❖ 仕訳帳を印刷するときは…

　仕訳帳・元帳兼精算表では、1〜4行（見出し）、A〜C（伝票No.、月、日）が印刷時のタイトルとして設定済みです。

　仕訳帳を印刷する場合は、D〜J列（摘要〜貸方金額）を選んで、ページレイアウト＞印刷範囲をクリックすると、仕訳帳（伝票No.・月日含む）の部分だけが印刷範囲として選択されます。ファイル＞印刷 で、通常通り印刷してください。

　元帳兼精算表を印刷する場合は、M〜BV列を選んで同様の作業をし、（縮小等の設定をしたうえで）印刷してください。

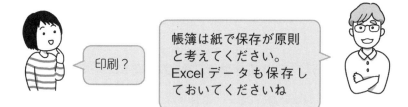

❖ ソフト添付の説明書もご一読を

　その他、簡単仕訳帳の基本的な仕組みについては、ソフトと一緒にダウンロードされる説明書に載っていますので、ぜひ、ご一読ください。

◆仕訳帳の印刷は D ～ J 列を選択 (印刷範囲の設定)

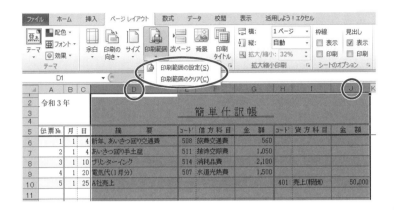

※「元帳兼精算帳」の印刷をする場合は、上記と同様の作業で M ～ BV 列を選択してください

◆ソフト添付の説明書も必ずご確認を!

簡単仕訳帳のダウンロードについて

1. ファイルの種類

   ダウンロード用の簡単仕訳帳は下記の2種類あります。

   ＞簡単仕訳帳300.xlsx (通常のExcelブック) 196KB

   ＞簡単仕訳帳300.xls (Excel97-2003互換) 861KB

・通常のExcelブックが開ける方は、そのまま利用してください。

・Excel97-2003互換のシートは互換性が高くなっていますが、容量が大きいので、開いた後、Excelブックに保存し直してください。200KB弱に縮小されるはずです。

2. 簡単仕訳帳、各シートの関連について

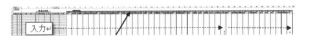

❖ 交通費をひと月ごとにまとめて精算

　個別の領収書がない交通費などの精算に活用してください。シンプルな表計算シートで、金額の合計を出せます。交通費以外でもまとめて計上したいものがあれば、自由に修正して利用できます。

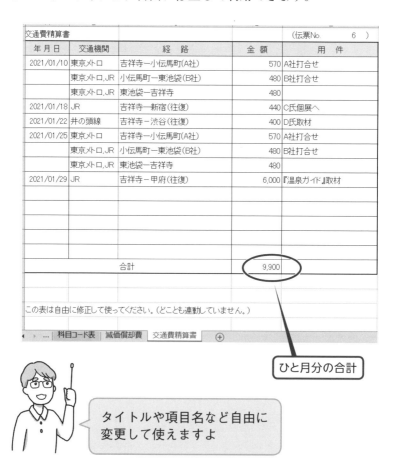

交通費精算書				(伝票No.　　　6　)
年 月 日	交通機関	経　路	金　額	用　件
2021/01/10	東京メトロ	吉祥寺－小伝馬町(A社)	570	A社打合せ
	東京メトロ,JR	小伝馬町－東池袋(B社)	480	B社打合せ
	東京メトロ,JR	東池袋－吉祥寺	480	
2021/01/18	JR	吉祥寺－新宿(往復)	440	C氏個展へ
2021/01/22	井の頭線	吉祥寺－渋谷(往復)	400	D氏取材
2021/01/25	東京メトロ	吉祥寺－小伝馬町(A社)	570	A社打合せ
	東京メトロ,JR	小伝馬町－東池袋(B社)	480	B社打合せ
	東京メトロ,JR	東池袋－吉祥寺	480	
2021/01/29	JR	吉祥寺－甲府(往復)	6,000	『温泉ガイド』取材
		合計	9,900	

この表は自由に修正して使ってください。（どことも連動していません。）

…　｜　科目コード表　｜　減価償却費　｜　交通費精算書　⊕

ひと月分の合計

タイトルや項目名など自由に変更して使えますよ

3章

青色申告のキモ、「年をまたぐお金」の「決算整理」

いざ
決算整理！

青色申告で初心者が戸惑うのが、**決算整理**（**年をまたぐお金**の処理）、
そして**翌年への引継ぎ**です。
最低限の注意ポイントを押さえてシンプルに乗り切りましょう！

「決算整理」が青色申告の条件！

❖ 「現金主義」→「発生主義」が、青色申告特別控除の条件

　簡単仕訳帳のメインの作業は、**入金時と出金時の入力**。これだけでも確定申告はできますが、そのままだと「現金主義」という方法による記帳で、青色申告の 55 万円（e-Tax は 65 万円）控除にはなりません。**「発生主義」に修正**する必要があります。「発生主義の原則」で、「すべての費用及び収益は、その支出及び収入に基づいて計上し、その発生した期間に正しく割当てられるように処理しなければならない。」となっているからです。費用の出金（引落し決済）や売上の入金が年をまたいで翌年になる場合はこの修正が必要になります。これが決算整理です。

❖ 基本は、「未収 (売掛)・未払 (買掛)」の整理

　決算整理でやることは、以下の 4 つ。
- ・未収（売掛）・未払（買掛）の計上（92 ～ 93 ページ参照）
- ・仮の処理の整理（96 ～ 99 ページ参照）
- ・棚卸し（101 ページ参照）
- ・減価償却・償却（102 ～ 107 ページ参照）

特に重要なのが**未収・未払の計上**。いわゆる〝年をまたぐお金〟です。
やり方は決まっていますから、ご安心を。
92 ページから順番に見ていきましょう。

やることが、4 つもあるのか……

「未払」だけのときもありますよ。
理解しちゃえば、案外カンタンです♪

おしえて！藤原さん

Q. 発生主義？　決算整理？　なぜ、こんなことをするの？

「発生主義」「決算整理」って何なんですか、もう〜。家の整理整頓だって苦手なのに……。

決算整理は面倒ばかりじゃないですよ。作業がラクになることもたくさんあります。たとえば、立替交通費の入金はとりあえず「雑収入」としておいて決算整理でまとめて旅費交通費と相殺すればラクチンですよ（98ページ参照）。

早く言ってくださいよ〜。ビバ☆決算整理！

……変わり身早いですね。まぁ、話が早くて助かります。もともと「発生主義」という考え方は、固定資産の減価償却からきたと言われています。車やパソコンなど年月をかけて利用する固定資産は、購入するときに大きな支出があるけれど、それが役立つ期間（耐用年数）はそのあと続きますよね。この「支出」を「耐用年数」に合わせて費用にしていく、という整理ができるのも決算整理です。

大きな費用を数年に分散、ぼちぼちフリーにはありがたいです〜。

「決算整理を制する者は青色申告を制す」です。「しっかり整理はお得へ通ず」ですよ。

❖ 翌年の銀行引落しになる費用入力はコレ！

　翌年の1月・2月の銀行引落しやクレジット引落しとなるもののうち、前年分の費用は「未払金」です。左側（借方科目）に費用科目を、**右側（貸方科目）に「204 未払金」**を入力します。

◆翌年1月にネット回線利用料 (12月分) が引き落とされた

月	日	摘　　要	コード	借方科目	金　額	コード	貸方科目	金　額
12	31	ネット回線利用料 (12月分)	509	通信費	5,000	204	未払金	5,000

> 日々の入力では空欄のところ
> に「未払金」と額を入れるだけ！

> 12月にクレジットカードで
> 買った消耗品が、翌年の引き
> 落としになるときも同じね

> 日々の入力と違うのは、右側の欄
> に「未払金」と金額を入力するだけ。
> 簡単でしょ？

　その他、仕入れ商品を納入してもらって支払いが翌年の場合は「**買掛金**」が、右側（貸方科目）に入ります。

要チェック！ "年をまたぐお金"② 「売掛金」

❖ 「仕事は完了、振込は翌年」の売上の入力はコレ！

翌年1、2月の入金で、「仕事は終わって納品・検品は済んでいた」ものがあれば「売掛金」です。右側（貸方科目）に「売上」を、**左側（借方科目）に「売掛金」を入力**します。

◆ 翌年1月に ASP 報酬が振り込まれたとき…

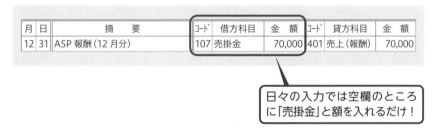

月	日	摘　　要	コード	借方科目	金　額	コード	貸方科目	金　額
12	31	ASP 報酬（12 月分）	107	売掛金	70,000	401	売上（報酬）	70,000

> 日々の入力では空欄のところ
> に「売掛金」と額を入れるだけ！

> 印税の支払いは年を越す
> 場合があるけど、そのと
> きは「売掛金」ね

> 税務の考え方は「権利確定主義」。納
> 品が済んでいても、その後の手直し
> などの可能性がある状態だったら、
> 売上計上する必要はありませんよ

おしえて！ 藤原さん

Q. 「未払金」「売掛金」って、なくてもよい？

 未払金、売掛金……やり方はわかりましたけど、日々の入力と分ける必要あるんですか？　どうせ引き落とされたり払ってくれたりするお金ならシンプルに「費用」と「売上」にしちゃってもいいんじゃ……。

そうなんですが、決算整理でこの調整がないと、「利益の先送りか？」と脱税を疑われたり、「現金主義」だと判断されて10万円の特別控除しか受けられなくても文句言えませんよ。

それは困ります！　やりますよ、やればいいんでしょ、やれば。

なお、「簡単仕訳帳」では年始の振り戻し（109ページ）のように、「売掛金は近々入金する」と考えて処理することになっており、売掛金が回収できない事態になることを想定していません。掛売りが多い人は、「簡単仕訳帳」とは別に、得意先ごとの売上と入金、残高を記録して（「得意先元帳」といいます）、管理する必要があります。万が一、売掛金の回収が難しくなった場合でも回収の努力をし、もしも先方が倒産した場合は、裁判所に「債権の届け出」をしますが、その際に上記の「得意先元帳」のコピーが必要です。なお、売掛金が回収できなくなった場合は、「貸倒損失」という経費になります。

ひー、考えたくない事態。とにかく売掛金、ちゃんと計上します。

「年をまたいでも OK」なお金はコレ！

❖ 家賃や管理費など

家賃や管理費など、契約に基づいて毎月翌月分を支払っている**短期の前払費用は、費用計上が早くなりますが、出金時に入力したままで OK**です。

ただし、毎年、継続する必要があります（年によって変えちゃダメ）。

◆ 1 月の家賃と共益費の引き落としが年内にあるとき…

月	日	摘　　要	コード	借方科目	金　額	コード	貸方科目	金　額
12	20	1 月分レンタルオフィス賃料	520	地代家賃	100,000			
12	20	1 月分レンタルオフィス共益費	522	管理費	20,000			

空欄のまま（決算整理なし）で OK！

これは、日々の入力と一緒で OK ね♪
ところで、なんで年によって変えちゃ
ダメなのかしらん…

税務署の人に「利益を操作
してるのでは？」って疑わ
れるでしょ？

家や車のローン、元本と利子のシンプル入力

❖ ローンの元本と利子、家事按分のシンプル入力法

　計算や入力が複雑になりがちなローンの利子と元本、ここに家事按分が加わったら……毎回計算するの？　小数点以下の処理は？　こんな場合は、決算整理でまとめて精算するシンプル入力法がオススメです。

◆ 自宅オフィス（事業専用割合 40％）ローン利子の仕訳 原則

月ごとの入力は、引き落とし日に返済表の金額通りにして…

月	日	摘　　要	コード	借方科目	金　額	コード	貸方科目	金　額
1	25	住宅ローン　利息	519	利子割引料	43,953			
		〃　　　元本	203	借入金	81,047			

↓

決算整理で家事分を差し引いて精算

月	日	摘　　要	コード	借方科目	金　額	コード	貸方科目	金　額
12	31	住宅ローン利息のうち家事分 60％				519	利子割引料	304,687

※仕訳の入力は**入出金時が基本**なので、原則はこの方法です。
　住宅ローン返済の入力を月々の銀行引落し通り（返済予定表と同じ）、決算整理で40％に修正することで証憑との照合が容易になります

私は、右上のずぼら式です！
ところでどうして通帳の記録を残すんですか？

繰り上げ返済で利息をズルしてないか、って疑われないためです。ずぼら式は「帳簿づけの原則は入出金時」という基本を理解したうえでの処理ですよ！

◆自宅オフィス（事業専用割合 40％）ローン利子の仕訳 【ずぼら式】

利息（事業分）・元本ともに、決算整理で入力

月	日	摘　　　要	コード	借方科目	金　額	コード	貸方科目	金　額
12	31	年間住宅ローン利息のうち事業分	519	利子割引料	203,125			
12	31	〃　　　　　　元本	203	借入金	992,188			

※返済予定表から1年分をまとめて記帳しても結果は同じです。この場合、通帳のコピーと照合して、**確実に預金から引き落とされていることを記録として残しておく必要があります**

【ローンの返済表】

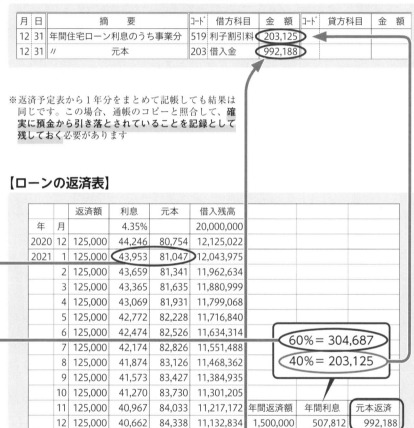

年	月	返済額	利息 4.35%	元本	借入残高			
2020	12	125,000	44,246	80,754	12,125,022			
2021	1	125,000	43,953	81,047	12,043,975			
	2	125,000	43,659	81,341	11,962,634			
	3	125,000	43,365	81,635	11,880,999			
	4	125,000	43,069	81,931	11,799,068			
	5	125,000	42,772	82,228	11,716,840			
	6	125,000	42,474	82,526	11,634,314			
	7	125,000	42,174	82,826	11,551,488			
	8	125,000	41,874	83,126	11,468,362			
	9	125,000	41,573	83,427	11,384,935			
	10	125,000	41,270	83,730	11,301,205			
	11	125,000	40,967	84,033	11,217,172	年間返済額	年間利息	元本返済
	12	125,000	40,662	84,338	11,132,834	1,500,000	507,812	992,188

60%＝304,687
40%＝203,125

立替金？　自腹？　仮の処理の整理

◆ 交通費、資料代…請求できるかわからないものは？

　仕事の資料として買った本や雑誌や取材先までの交通費は、仕事先によって、支払ってくれたり自腹だったりと、対応はそれぞれで仕訳に迷うことも……。

　こんなときは、ひとまず「資料代」や「旅費交通費」などの費用の科目で入力しておき、**後から整理する方法がシンプル**です。先方から入金されたら「雑収入」で記帳し、決算整理で「雑収入」と「資料代」＆「旅費交通費」を相殺すればOKです。

うーん…シビア通信社は自腹が多いけど、太っ腹新聞社は交通費も資料代も出る、混乱する〜

◆立替金か自腹か、わからない交通費や資料代があるとき…

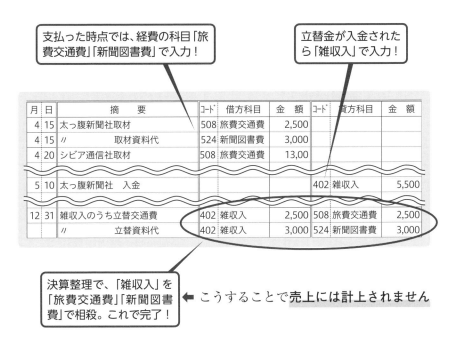

支払った時点では、経費の科目「旅費交通費」「新聞図書費」で入力！

立替金が入金されたら「雑収入」で入力！

月	日	摘　　要	コード	借方科目	金　額	コード	貸方科目	金　額
4	15	太っ腹新聞社取材	508	旅費交通費	2,500			
4	15	〃　　　　取材資料代	524	新聞図書費	3,000			
4	20	シビア通信社取材	508	旅費交通費	13,00			
5	10	太っ腹新聞社　入金				402	雑収入	5,500
12	31	雑収入のうち立替交通費	402	雑収入	2,500	508	旅費交通費	2,500
		〃　　　　立替資料代	402	雑収入	3,000	524	新聞図書費	3,000

決算整理で、「雑収入」を「旅費交通費」「新聞図書費」で相殺。これで完了！

← こうすることで**売上には計上されません**

こうすれば、「立替金？　自腹？」と迷わずに入出金を記録できて、決算時に整理すればいいので、シンプルですよ

❖ 売上（報酬）や雑収入（立替金）の入金をきちんと整理

報酬の振り込みがあったとき、**仕訳帳に入力するついで**に、ここに記録しておくと、申告の際に収入金額の内訳を入力するときモレがなく便利です。

また、交通費や資料代などの立替金の入金があったときも記録しておけば、決算整理で相殺するときにも役に立ちますよ。

決算書シートの
下部にあります

530	雑費					
	計	2,082,811		1,240,000		
	特別控除前利益	△842,811				
	合計	1,240,000		1,240,000		

収入内訳一覧表

日付	相手	内訳	報酬	雑収入	源泉税	差引
3/5	太っ腹新聞社	原稿料『年鑑』編集料含む1回目	400,000		40,840	359,160
3/25	シビア通信社	原稿料『温泉ガイド3月号』	100,000		10,210	89,790
4/5	太っ腹新聞社	立替交通費		17,670		17,670
6/25	シビア通信社	原稿料『温泉ガイド6月号』	100,000		10,210	89,790
8/5	太っ腹新聞社	立替資料代		27,000		27,000
8/5	太っ腹新聞社	原稿料『年鑑』編集料含む2回目	400,000		40,840	359,160
10/25	シビア通信社	原稿料『温泉ガイド10月号』	100,000		10,210	89,790
12/5	太っ腹新聞社	原稿料『年鑑』編集料含む3回目	400,000		40,840	359,160
						0
						0
						0
						0
						0
			1,500,000	44,670	153,150	

| ‹ › | 仕訳帳 | 決算書 | 科目コード表 | 減価償却費 | 交通費精算書 | ＋ |

※必ず仕訳帳に入力した上で、補助的にご利用ください。

もちろん、私も使ってますよ

宣伝用の著書、備品、仕入の残りは棚卸資産に

❖ 残ったものは翌年以降の経費になる

　著書など、自分が制作にかかわった商品や販促品は、仕事で見本など
に使うため「広告宣伝費」などの経費です。

　そういった発売時に大量に購入したものが年末に残っている場合は、
決算整理で「棚卸資産」に仕訳して、今年度の経費から差し引きます。

　面倒な作業に思えますが、こうすることで広告宣伝費を正しくするこ
とができますし、繰り越し分は翌年以降の経費になります（152ページ
参照）。

　同様に大量の消耗品（コピー用紙、文房具）が残っていれば棚卸資産
にします。

※継続して使用する少額（10万円未満）の消耗品は棚卸しなくてもかまいません。

◆ 著書刊行時に自著を購入、年末に残っているとき…

月	日	摘　　要	コード	借方科目	金　額	コード	貸方科目	金　額
10	20	『ぼちぼち稼ぐ幸せ』100 冊	510	広告宣伝費	150,000			
12	31	広告宣伝用書籍を棚卸し	109	棚卸資産	60,000	510	広告宣伝費	60,000

決算整理で残った分を
「棚卸資産」に仕訳！

刊行時に買った自著本、書庫で眠らせてた
けど……きちんと数えて決算整理するわ！

「棚卸資産」にしておけば、決算が正
しくなりますし、きちんと発生主義で
記帳しているアピールにもなりますよ

3章　青色申告のキモ、「年をまたぐお金」の「決算整理」

固定資産があるとき

❖ 固定資産を数年かけて費用にする「減価償却」

　パソコンや事務机などの備品は「工具器具備品」という固定資産です。耐用年数に応じて決算整理で減価償却し、数年間で**「減価償却費」という費用（経費）にしていくのが本来の方法**です。なお、購入価格が10万円未満の場合は「消耗品費」として購入した年の経費にすることもできます。青色申告の場合は、30万円未満までOK（総額300万円まで）という特典があります（30ページ参照）。

　自宅で仕事をしている場合は、建物の減価償却費は大きいので節税効果が期待できます。事業専用割合分は、きっちり計上しましょう！

減価償却資産になるもの	耐用年数	償却率
事務机、椅子、キャビネット（金属製）など	15年	0.067
パソコン	4年	0.250
プリンター（コピー・スキャナー複合機）	5年	0.200
エアコン	6年	0.167
カメラなど映像機器	5年	0.200
時計	10年	0.100
楽器	5年	0.200
建物（木造・合成樹脂造）	22年	0.046
〃 （鉄骨鉄筋コンクリート造）	47年	0.022

ここに載せたのはごくごく一部！
国税庁の Web サイトには、すべての
固定資産の耐用年数が載っていますよ

◆ 28万円のパソコン他を「減価償却費」で経費にするとき…

月	日	摘　　要	コード	借方科目	金　額	コード	貸方科目	金　額
1	10	パソコン	125	工具器具備品	280,000			
1	10	プリンター複合機	125	工具器具備品	100,000			
12	31	パソコン減価償却	515	減価償却費	70,000	125	工具器具備品	70,000
12	31	プリンター複合機減価償却	515	減価償却費	20,000	125	工具器具備品	20,000

> 決算整理で、その年の分だけ「減価償却費」として上のように入力

考え方としては…

パソコンの耐用年数は4年だから、

　28万円　÷　4年　=　7万円／年

プリンターの耐用年数は5年だから、

　10万円　÷　5年　=　2万円／年

毎年、この「減価償却費」を決算整理で入力していくってことか！

◆「簡易減価償却・固定資産台帳」で計算すればカンタン！

減価償却資産の名称	取得年	月	取得価額	前年末未償却残高	償却方法	耐用年数	償却率	償却月数/12	普通償却費	経費割合(%)	経費算入額	未償却残高
パソコン	2021	1	280,000		定額法	4	0.250	12	70,000	100.0%	70,000	210,000
プリンター複合機	2021	1	100,000		定額法	5	0.200	12	20,000	100.0%	20,000	80,000

使い方は次のページにあります。

＊購入年に「消耗品費」で経費にするパターンは71ページ参照

経費算入額
70,000
20,000

簡易減価償却・固定資産台帳

❖ 買った年や価格などを入力すれば自動で計算！

　難しそうに思える「減価償却費」ですが、簡単に計算できるシート「簡易減価償却・固定資産台帳」もつけましたので、ご安心ください。

　取得年月（購入した年月）、取得価格（購入価格）、耐用年数、経費割合を入力すれば、自動で計算してくれます。

　翌年以降は、前年の台帳の「未償却残高」を「前年末未償却残高」の欄に転記して、引き継いでいくだけ。耐用年数が過ぎたら、1円だけ残ります。翌年以降は1円を繰り越していくだけでOKです。

注意！

　平成19（2007）年4月1日以降に取得した減価償却資産で定額法のみ対応。それ以外の場合は、国税庁のサイト、確定申告等作成コーナー内にある「減価償却費の計算」をご利用ください。

耐用年数は、102ページの表や国税庁のサイトで確認してくださいね

超カンタン〜♪
これがあれば大丈夫です！

◆ 2021年に取得した固定資産の台帳への入力法

簡易減価償却・固定資産台帳 平成19(2007)年4月1日以降に取得した減価償却資産、定額法のみ(償却率を使用する)

No.	減価償却資産の名称	取得年	月	取得価額	前年末未償却残高	償却方法	耐用年数	償却率	償却月数/12	普通償却費	経費割合(%)	経費算入額	未償却残高
1	パソコン	2021	1	280,000		定額法	4	0.250	12	70,000	100.0%	70,000	210,000
2	プリンター複合機	2021	1	100,000		定額法	5	0.200	12	20,000	100.0%	20,000	80,000
3						定額法				0		0	0
4						定額法						0	0
5						定額法						0	0
6						定額法						0	0
7						定額法				0		0	0
8						定額法						0	0
9						定額法				0		0	0
10						定額法				0		0	0
11						定額法				0		0	0
12						定額法				0		0	0

◀ … 決算書 | 科目コード表 | 減価償却費 | 交通費精算書 | ⊕ ▶ | ◀ □

減価償却費
＊この金額を
仕訳帳に入力

◆翌年(2022年)の入力は…

No.	減価償却資産の名称	取得年	月	取得価額	前年末未償却残高	償却方法	耐用年数	償却率	償却月数/12	普通償却費	経費割合(%)	経費算入額	未償却残高
1	パソコン	2021	1	280,000	210,000	定額法	4	0.250	12	70,000	100	70,000	140,000
2	プリンター複合機	2021	1	100,000	80,000	定額法	5	0.200	12	20,000	100	20,000	60,000
3						定額法				0		0	0

前年の簡単仕訳帳をコピーして本年分を用意したら、「未償却残高」を「前年末未償却残高」に転記するだけ！

◆ 2024年になると…

No.	減価償却資産の名称	取得年	月	取得価額	前年末未償却残高	償却方法	耐用年数	償却率	償却月数/12	普通償却費	経費割合(%)	経費算入額	未償却残高
1	パソコン	2021	1	280,000	70,000	定額法	4	0.250	12	69,999	100.0	69,999	1

法令で1円だけ残すように決まっていますので、翌年以降は、1円を前年末未償却残高に繰り越しておきます。

開業準備に使ったお金がたくさんある場合

❖ 開業前のテナント料、材料費、水道光熱費も経費にできる

　お店をはじめる準備などで開業前に使ったテナント料（賃料）や材料費、水道光熱費などの費用がある場合は、開業した年に「開業費」として資産計上します。「開業費」は利益を見ながら年をまたいで任意で償却（費用化）することができます。

　そのためには、別途「開業準備に使った費用」として、きちんと領収書などを整理して集計、保存しておくことが大切です。

◆ 開業までに使った費用（うち 700 万円が「開業費」）

開業まで	万円	開業時の繰越	
敷金	50	敷金	50
厨房設備	100	器具備品	100
賃料	240		
材料費	200		
ガス代	100	開業費	700
水道代	50		
電気代	90		
その他	20		
	850		

❖ まずは、「開業費」「開業費償却」の科目をつくる

「科目コード表」の科目名を変更します（80 ページ参照）。

　128 その他投資　→　開業費

　523 支払手数料　→　開業費償却　など

◆「開業費」として年始めに入力して…

月	日	摘　　要	コード	借方科目	金　額	コード	貸方科目	金　額
1	1	開業費（明細別紙）	128	開業費	7,000,000			

◆決算整理で「開業費償却」として100万円分を経費に計上

月	日	摘　　要	コード	借方科目	金　額	コード	貸方科目	金　額
12	31	開業費償却（任意）	523	開業費償却	1,000,000	128	開業費	1,000,000

◆残りの600万円は、翌年引継ぎ、以降利益を見ながら任意で償却

				2021年
		貸借対照表		
125	工具器具備品	833,000		
126	土地		301 事業主勘定	△2,200,000
127	敷金・保証金	500,000	302 元入金	8,500,000
128	開業費	6,000,000	特別控除前利益	1,033,000
		7,333,000		7,333,000

月	日	摘　　要	コード	借方科目	金　額	コード	貸方科目	金　額
1	1	前年繰越 開業費	128	開業費	6,000,000			

（2022年の年始めの仕訳）

賃料や光熱費も開業費になるんだ！

開業時に引き継げるものは、
固定資産だけじゃないんですよ

※ 10万円未満であれば、開業年に直接費用処理してもかまいません（51ページ参照）

決算整理が終わったら決算書の出来上がり！

❖ 決算書シートをプリントアウト

1年間の仕訳と決算整理の入力、お疲れさまでした！

すべての入力がすんだら、決算書（固定資産がある人は減価償却費シートも）をプリントアウトしておきましょう。この決算書をもとに、確定申告を進めます。

◆仕訳帳で作成された決算書

						2021年
			貸借対照表			
101	現金		201	支払手形		
103	普通預金		203	借入金		11,132,834
109	棚卸資産	24,000	204	未払金		
113	仮払源泉税	643,230				
121	建物	16,988,571				
126	土地	5,000,000	301	事業主勘定		5,709,432
127	敷金・保証金		302	元入金		205,000
128	その他投資			特別控除前利益		5,608,535
		22,655,801				22,655,801
			損益計算書			
507	水道光熱費	34,800	401	売上(報酬)		6,350,000
508	旅費交通費	100,540	402	雑収入		10,000
509	通信費					
510	広告宣伝費	61,000				
513	修繕費	80,000				
515	減価償却費	176,000				
519	利子割引料	203,125				
520	地代家賃					
522	管理費	96,000				
530	雑費					
	計	751,465				6,360,000
	特別控除前利益	5,608,535				
	合計	6,360,000				6,360,000

決算書ができた～！

はい、1年の終わり、いわゆる「期末」の状況ですね。期首と期末については110ページで説明してますよ

翌年分も安心！　年始の入力はコレ

❖ 本年分の仕訳帳を準備

　申告年度分の決算整理、申告の作業が終わったら、そのまま翌年分の仕訳帳の準備をしてしまうのがオススメです。

　前年の簡単仕訳帳（または原本）をコピーし、データをすべて消去、左上に今年度を入力します。あとは、「最初の入力2」（54ページ）と同様に引継ぐだけ！　現金、普通預金の相殺の作業はありませんよ。

◆ 前年の貸借対照表を見ながら、仕訳帳に転記

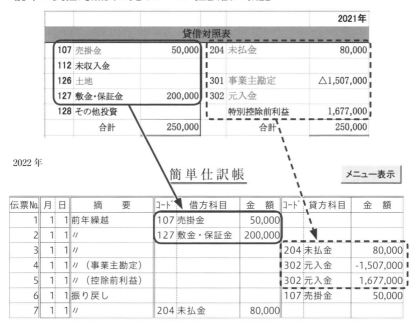

		2021年
貸借対照表		

	107	売掛金	50,000	204	未払金	80,000
	112	未収入金				
	126	土地		301	事業主勘定	△1,507,000
	127	敷金・保証金	200,000	302	元入金	
	128	その他投資			特別控除前利益	1,677,000
		合計	250,000		合計	250,000

2022年

簡 単 仕 訳 帳　　　　　　メニュー表示

伝票No.	月	日	摘　　要	コード	借方科目	金　額	コード	貸方科目	金　額
1	1	1	前年繰越	107	売掛金	50,000			
2	1	1	〃	127	敷金・保証金	200,000			
3	1	1	〃				204	未払金	80,000
4	1	1	〃　（事業主勘定）				302	元入金	-1,507,000
5	1	1	〃　（控除前利益）				302	元入金	1,677,000
6	1	1	振り戻し				107	売掛金	50,000
7	1	1	〃	204	未払金	80,000			

　1月1日は、前年貸借対照表の引継（繰越）から。上図のように「事業主勘定」と「青色申告特別控除前利益」は「元入金」として入力。短期間（1〜2ヶ月）で精算される売掛金・未払金は「振り戻し」ます。

おしえて！ 藤原さん

Q. 「期首」「期末」ってなーに？

青色申告の本を見ると「期首・期末」ってのがけっこう出てきますがコレって？　期末テストなんてものも遠い昔、ありましたねぇ……。

「期首・期末」は、簿記の基礎用語、会計用語ですね。会計期間の最初の時点が「期首」、最後の時点が「期末」です。会社で経理に関わったり経済に興味を持ったりしていれば聞いたことがある言葉でしょう。

その方面はさっぱりでした！　えーと、つまり、期首は1月1日、期末は12月31日ってこと？

中山さんのように以前から事業を続けている人はそうですが、申告する年の途中から、つまり、1月1日以外の日から事業を始めた人は、その日が「期首」になります。

なるほど。会社を3月で退職して4月に独立とかのケースですね。

はい。それから、個人事業主は1月〜12月が会計期間と決まっていますが、会社にすると、自由に会計期間を設定できますから、必ずしも1月1日が期首、12月31日が期末というわけではありませんよ。

社長にならなきゃ、期首期末はずっと一緒ですね。了解です！

4章

. . . .

いざ、国税庁の Web サイトで
ラクラク青色申告！

＊ e-Tax、印刷して税務署へ提出（持参・郵送）、両方 OK

. . . .

1 年の仕訳帳入力が終わったら、いよいよ青色申告！

国税庁の Web サイト「確定申告書等作成コーナー」へアクセスします。

あとは、仕訳帳で作った決算書をもとに入力していくだけ。

さっそくはじめましょう！

※国税庁の Web サイト「確定申告書等作成コーナー」の利用環境や入力画面は年によって変更が
あります。申告の前に必ず確認してください。
　最新の確定申告レポートは、下記でも確認できます。
　「ぽちぽちフリーランスは世界を救う…かも」https://bochi-free.com/

確定申告は国税庁のサイトからがいい理由

❖ 最新事情に対応した公式サイトで、自宅からラクラク申告

　確定申告は手書きの書面でも提出できますが、国税庁の Web サイト「確定申告書等作成コーナー」にアクセスして申告書を作成する方法がオススメです。

　一度入力すると、氏名や住所など基本情報を引き継いでくれるので、毎回（毎年）入力する手間が省けます。そのほか、

・最新の税制改正に対応して計算してくれる
・入力ミスや入力モレを指摘してくれる
・e-Tax（電子申告）すれば控除額が最大の 65 万円になる

といったメリットがあります。

　なにより、国税庁の公式サイトで作成した申告書ですから、安心です！

❖ お悩み Q&A も満載！

「確定申告」で検索すると、「○年分確定申告特集 - 国税庁」という項目が出てきますのでアクセスすると右のような申告のページが出てきます。

　国税庁の Web サイトでは、「タックスアンサー（税に関するよくある質問）」のページや質問に対して回答へと誘導してくれる「税務相談チャットボット」などの機能もあります。

サイトの形式が変わっても「決算書の情報」を入力するのは一緒ですよ

準備は万全、いざ青色申告！

◆国税庁 Web サイトの確定申告のページ（2021.9 月現在）

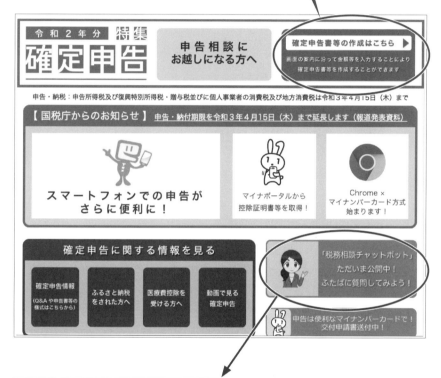

申告はここをクリック
してはじめます

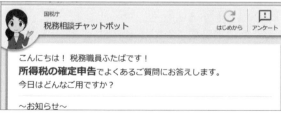

税務相談チャットボット

4章　いざ、国税庁のWebサイトでラクラク青色申告！

e-Tax（電子申告）するなら…

❖ e-Tax って何？

確定申告の提出方法は、作成・印刷した紙の申告書を持参または郵送する方法と、ネットから提出する方法の2通りあり、e-Tax は後者。

e-Tax とは国税庁の「国税電子申告・納税システム」を使った申告方法のことで、**パソコンなどの電子機器からオンラインで申告をする方法**です。自宅にいながら24時間申告ができるのでとても便利。

令和2年分からは**青色申告特別控除の65万円控除を受けられるのは、e-Tax で確定申告をした場合のみ**に変更されました（持参や郵送で提出した場合は55万円控除です）。

❖ e-Tax で青色申告するときは…

e-Tax には、**マイナンバー方式**と、**ID・パスワード方式**の2つの方法があります。それぞれ、必要なものや準備は右のページの通り。

状況によって、都合のいいほうを選びましょう。

> マイナンバーカードと IC カードリーダライタの2つともある人なら、マイナンバー方式で準備の必要はありませんね

> 私は、ID・パスワード方式で e-Tax デビュー！税務署ですぐ手続きできました

マイナンバー方式の準備

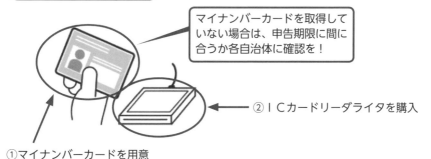

マイナンバーカードを取得して
いない場合は、申告期限に間に
合うか各自治体に確認を!

② I Cカードリーダライタを購入

①マイナンバーカードを用意

ID・パスワード方式の準備

重 要 書 類

ID・パスワード方式の届出完了通知 **ID・PW**

ID・PW が目印

▼ID・パスワード

| 1234 5678 1234 5678 |
| 12345678 |

発行の際設定する、「納税用
確認番号(6ケタ)」は記載
されないので、余白などに
メモしておくのがオススメ!

税務署で ID・パスワード方式の届出完了通知を発行

＊身分証(運転免許証など)のほか、「確定申告のお知らせ」ハガキを持っていくとスムーズです

国税庁 e-Tax・作成コーナーヘルプデスク

0570-01-5901 (全国一律市内通話料金)

上記の電話番号がご利用になれない方は、こちらへおかけください。

03-5638-5171 (通常通話料金)

◆受付時間
月曜日～金曜日(休祝日及び 12 月 29 日～1 月 3 日を除きます。)
9:00 ～ 17:00

国税庁のサイト「確定申告書等作成コーナー」で入力！

❖ 「確定申告書等作成コーナー」へ

画面の案内に従ってクリックし、進んでいきましょう。

データはこまめに保存しておくことを強くオススメします！

ここをクリックして、申告スタート！

最初はここをクリック

再開するときはここをクリック！

途中で入力を中断、保存もできますよ

提出方法を選択

それぞれの方式で、事前準備セット
アップや、番号・パスワードを入力

推奨環境を確認、 令和○年分申告書等の作成▼ をクリック

まず「決算書・収支内訳書」を選択！

まず決算書からね！

まずは、決算書を作ろう

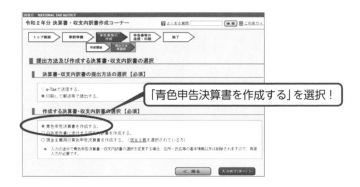

「青色申告決算書を作成する」を選択！

次の画面は 青色申告決算書（一般用）「営業所得がある方はこちら」 の 入力する をクリックで、決算書の入力ページへ！

簡単仕訳帳で作った**損益計算書**の金額を転記します。

					2021年
貸借対照表					
107	売掛金	50,000	204	未払金	80,000
112	未収入金				
126	土地		301	事業主勘定	△1,507,000
127	敷金・保証金	200,000	302	元入金	
128	その他投資			特別控除前利益	1,677,000
	合計	250,000		合計	250,000
損益計算書					
502	仕入		401	売上(報酬)	3,500,000
508	旅費交通費	83,000			
509	通信費				
510	広告宣伝費	90,000			
511	接待交際費	40,000			
514	消耗品費	110,000			
515	減価償却費				
520	地代家賃	1,000,000			
522	管理費	500,000			
530	雑費				
	計	1,823,000			3,500,000
	特別控除前利益	1,677,000			
	合計	3,500,000			3,500,000

ここで、簡単仕訳帳で作った決算書を使うのか！

◆決算書の入力ページ（損益計算書）

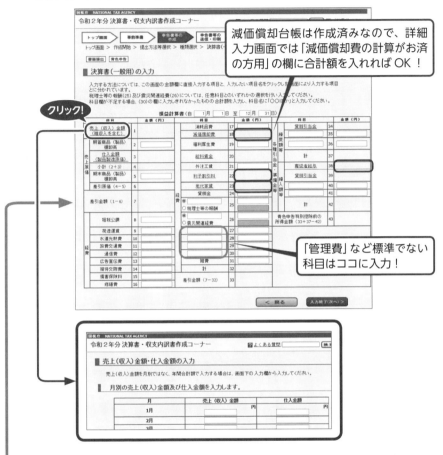

金額の入力欄がないところは、青字の科目をクリックすると詳細を入力できる画面が開くので、ここで入力。

減価償却費、利子割引料、地代家賃なども、詳細入力すると合計が自動で表示されます

不動産所得、農業所得がなければ、入力終了（次へ）。

◆青色申告特別控除の入力

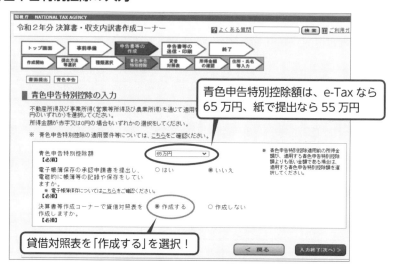

青色申告特別控除額は、e-Tax なら
65 万円、紙で提出なら 55 万円

貸借対照表を「作成する」を選択！

次は**貸借対照表**の入力！　**期末の欄**に仕訳帳の貸借対照表を転記します。

今度は、貸借対照表を転記ね！

					2021年
	貸借対照表				
107	売掛金	50,000	204	未払金	80,000
112	未収入金				
126	土地		301	事業主勘定	△1,507,000
127	敷金・保証金	200,000	302	元入金	
128	その他投資			特別控除前利益	1,677,000
	合計	250,000		合計	250,000
	損益計算書				
502	仕入		401	売上(報酬)	3,500,000
508	旅費交通費	83,000			
509	通信費				
510	広告宣伝費	90,000			
511	接待交際費	40,000			
514	消耗品費	110,000			
515	減価償却費				
520	地代家賃	1,000,000			
522	管理費	500,000			
530	雑費				
	計	1,823,000			3,500,000
	特別控除前利益	1,677,000			
	合計	3,500,000			3,500,000

◆ 決算書の入力ページ（貸借対照表）

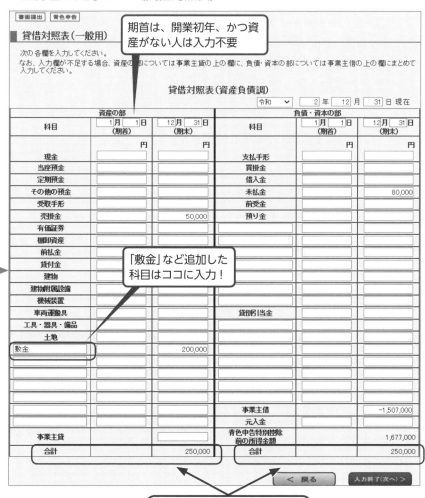

書面提出 | 青色申告

貸借対照表（一般用）

次の各欄を入力してください。
なお、入力欄が不足する場合、資産の部については事業主貸の上の欄に、負債・資本の部については事業主借の上の欄にまとめて入力してください。

貸借対照表（資産負債調）

期首は、開業初年、かつ資産がない人は入力不要

令和 ▼　2 年　12 月　31 日 現在

資産の部			負債・資本の部		
科目	1月 1日 （期首）	12月 31日 （期末）	科目	1月 1日 （期首）	12月 31日 （期末）
	円	円		円	円
現金			支払手形		
当座預金			買掛金		
定期預金			借入金		
その他の預金			未払金		80,000
受取手形			前受金		
売掛金		50,000	預り金		
有価証券					
棚卸資産					
前払金					
貸付金					
建物					
建物附属設備					
機械装置					
車両運搬具			貸倒引当金		
工具・器具・備品					
土地					
敷金		200,000			
			事業主借		-1,507,000
			元入金		
事業主貸			青色申告特別控除 前の所得金額		1,677,000
合計		250,000	合計		250,000

「敷金」など追加した科目はココに入力！

< 戻る　　　入力終了（次へ）>

等しくなるのが正解！

前年も青色申告をしている人や固定資産などの引継ぎ資産のある人（56 ページ参照）は、1 月 1 日に入力した前年繰越額を期首の欄に転記してください

「所得金額の確認」で青色申告特別控除額「55万円 or 65万円」を確認
→ 「住所氏名等の入力」で必要事項を入力 →
「決算書・収支内訳書の印刷」で内容を確認、印刷し、印刷終了（次へ）

令和 03 年分所得税青色申告決算書（一般用）

住所	東京都武蔵野市吉祥寺北町3－13	フリガナ	ウワサノ ウワコ	依頼税理士等	事務所所在地	
事業所所在地	東京都渋谷区神南1－2－3 レンタルオフィス神南	氏名	ウワサノ ウワコ		氏名（名称）	
		電話番号	（自宅）0570-066-066 （事業所）0570-066-066		電話番号	
業種名	カウンセリング	屋号	料理のおいしい力 ウンセリング	加入団体名		

この青色申告決算書は機械で読み取りますので、黒のボールペンで書いてください。

整理番号 0 1 2 3 4 5 6 7

令和 4 年 2月 15日

損 益 計 算 書 （自 4月 1日 至 12月 31日）

科 目		金 額（円）
売上（収入）金額（雑収入を含む）	①	3 500 000
売上原価 期首商品（製品）棚卸高	②	
	仕入金額（製品製造原価）	③	
	小 計（②＋③）	④	
	期末商品（製品）棚卸高	⑤	
	差引原価（④－⑤）	⑥	
差 引 金 額（①－⑥）	⑦	3 500 000
経費 租税公課	⑧	
	荷造運賃	⑨	
	水道光熱費	⑩	
	旅費交通費	⑪	83 000
	通信費	⑫	
	広告宣伝費	⑬	90 000
	接待交際費	⑭	40 000
	損害保険料	⑮	
	修繕費	⑯	

科 目		金 額（円）
消耗品費	⑰	110 000
減価償却費	⑱	
福利厚生費	⑲	
給料賃金	⑳	
外注工賃		
利子割引料		
地代家賃		1 000 000
貸倒金		
管理費		500 000
雑 費		
計		1 823 000
差引金額（⑦－計）		1 677 000

科 目		金 額（円）
貸倒引当金		
各種引当金・準備金等	計	
専従者給与		
貸倒引当金		
計		
青色申告特別控除前の所得金額		1 677 000
青色申告特別控除額		650 000
所 得 金 額		1 027 000

※青色申告特別控除については、「決算の手引き」の「青色申告特別控除」の項を読んでください。
●下の欄には、書かないでください。

貸 借 対 照 表 （資産負債調） （令和 3年 12月 31日現在）

フリガナ ウワサノ ウワコ 氏名 うわさの うわこ

資 産 の 部			負 債・資 本 の 部		
科 目	4月 1日（期首）円	12月31日（期末）円	科 目	4月1日（期首）円	12月31日（期末）円
現 金			支 払 手 形		
当座預金			買 掛 金		
定期預金			借 入 金		
その他の預金			未 払 金		80,000
受 取 手 形			前 受 金		
売 掛 金		50,000	預 り 金		
有価証券					
棚卸資産					
前 払 金					
貸 付 金					
建 物					
建物附属設備					
機械装置			貸倒引当金		
車両運搬具					
工具器具備品					
土 地					
敷 金		200,000			
			事 業 主 借		-1,507,000
			元 入 金		
事 業 主 貸			青色申告特別控除前の所得金額		1,677,000
合 計		250,000	合 計		250,000

（注）「元入金」は、「期首の資産の総額」から「期首の負債の総額」を差し引いて計算します。

データは必ず保存！

まずは決算書が作成完了！
e-Tax の場合も印刷して保存ね

◆印刷した後の作業についてのページ

「所得税の確定申告書を
作成する」をクリック！

ここまでの情報を引き継いで、
次はいよいよ申告書の作成ですよ！

確定申告書 B を作成

「引継ぎ情報等の確認」をし、⇨作成開始 をクリック。

◆収入金額・所得金額の入力のページ

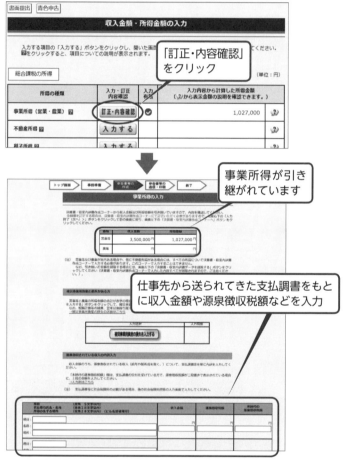

収入内訳一覧表を見ながら
転記すればモレがないですよ

書面提出　青色申告

所得控除の入力

　所得から差し引かれる金額（所得控除）に関する項目の入力を行います。

- ふるさと納税ワンストップ特例の適用に関する申請書を提出された方が確定申告を行う場合には、ワンストップ特例の適用を受けることができません。
  確定申告を行う際に、全てのふるさと納税の金額を～～～～～～～のでご注意ください。
- 配偶者や扶養親族の障害者控除の入力は、「配偶者～～～～～ください。

年末に届いた、各種控除証明書をもとに入力！

所得控除

（単位：円）

所得控除の種類 （各所得控除の概要はこちら）	入力・訂正 内容確認	入力 有無	入力内容から計算した控除額 （🔍をクリックすると表示金額の解説を確認できます。）	
雑損控除 ?	入力する			🔍
医療費控除 ?	入力する			🔍
社会保険料控除 ?	入力する			🔍
小規模企業共済等掛金控除 ?	入力する			🔍
生命保険料控除 ?	入力する			🔍
地震保険料控除 ?	入力する			🔍
寄附金控除 ?	入力する			🔍
寡婦・ひとり親控除 ?	入力する			🔍
勤労学生控除 ?	入力する			🔍
障害者控除 ?	入力する			🔍
配偶者控除 ?	入力する			🔍
配偶者特別控除 ?				
扶養控除 ?	入力する			🔍
基礎控除 ?			480,000	
合計			480,000	

控除の対象か分からないときは、ここをクリックして確認！

**出ました、控除！
モレなく入力してしっかり節税するぞ〜**

「計算結果確認」を確認、記入モレがあれば修正し、 次へ

　→ 「住民税等入力」は該当するものがあるか確認し、 入力終了（次へ）

「住所・氏名入力」「マイナンバーの入力」を入力、 次へ進む

◆申告書等印刷のページ

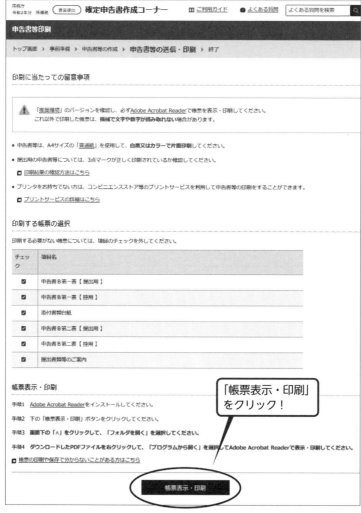

確定申告書Bが表示されますので、確認して印刷します。

← 確定申告書B（第一表）

申告書も完成〜！
終わった終わった〜

（第二表）➡

提出するまでが申告
ですよ。入力事項に
間違いやモレがない
かしっかり確認して
くださいね

4章 いざ、国税庁のWebサイトでラクラク青色申告！

❖ 「確定申告書等作成コーナー」で作成＆送信で提出完了！

確認・印刷がすんだら、画面の案内内容にしたがって送信準備をします。利用者識別番号・暗証番号を入力し、申告データ（決算書・申告書）を「送信」。送信結果の確認をする画面で内容を確認したら、送信事実を残すためにも印刷しておきましょう。

最後に忘れずに申告書Bの「データを保存」すること（先に印刷・保存した「決算書・収支内訳書」とはセットになったデータです）。翌年の申告に使うので、必ず保存すること。

データを保存するまでが確定申告ですよ！

❖ 送信後、もし間違いに気づいたら…

もし、送信後に間違いに気づいた場合は、申告期限内であれば、保存したデータを読み込んで入力し直し、正しいものを送信すればOKです。

申告期限後は、「更正の請求書」、または「修正申告書」の提出になります。この作業も確定申告と同様に国税庁のサイトからできます。

❖ 税務署に持参して提出するとき

作成・印刷した**決算書**（122ページ）、**申告書**（127ページ）、**所得の内訳書**（124ページの入力で作成されます）のほか、「送信票（兼送付書）」に記載されている「**提出の必要のある書類**」（社会保険料控除証明書など）を揃えて、「添付書類台紙」に貼りつけます。

税務署の**申告書の受付窓口**で提出する場合（月〜金曜日8時半〜17時）は、その場で控えに受領印を押されて返却されます。土日祝日など開庁時間外に行く場合は、「**時間外収受箱**」に投函しましょう（3月15日などの期限日は夜12時まで）。

❖ 郵送で提出するとき

郵便（第一種）か信書便で送りましょう。**宅配便やメール便はNG**。

通信日付印（消印）が提出日になります。郵送の証拠が残る書留郵便なら安心ですね。郵便・信書便以外で送ったときは到着日が提出日です。

投函・郵送いずれの場合も、控えに受領印を押したものを返送してもらうためには、住所宛名を書いた返信用封筒（切手貼付）を同封します。

もし、提出後に間違いに気づいたら……？　**申告期限内であれば正しいものを再提出**すればOKです。

申告書ほか提出書類と会計帳簿を保存する

❖ 会計帳簿は7年間保存

　決算書や申告書は税務署へ提出しますが、仕訳帳などの会計帳簿や書類は手元で保管、税務調査に備えましょう。

　帳簿や書類の保存期間は右の通りです。

❖ 印刷して紙で保存

　帳簿や書類の保存方法は、紙での保存が原則です。**簡単仕訳帳、決算書、簡易減価償却・固定資産台帳**をプリントアウトして、提出した**確定申告書**（控）、**所得税決算書**、その他**領収書などの必要書類**と一緒に整理・保管します。

　仕訳帳の「元帳兼精算表」を紙に印刷すると見にくくなりますので、**データ（Excel）でも保存**しておきましょう。

　令和6年からは、注文書・契約書・送り状・領収書・見積書・請求書などに相当する電子データをやりとりした場合には、要件にしたがって保存する必要があります。くわしくは、国税庁のサイトで「電子帳簿保存法」関連のページをご確認ください。

◆ 帳簿等の保存期間

種　別	内　容	保存期間
帳簿	総勘定元帳・仕訳帳・現金出納帳・売掛金元帳・買掛金元帳・固定資産台帳・売上帳・仕入帳など	7年
決算書類	青色申告決算書（貸借対照表・損益計算書）・棚卸表	
現金や預金の入出金の証拠となるもの	領収書・預貯金通帳・請求書など	
取引等に関してやり取りした書類	請求書の控え・注文書・契約書・納品書の控えなど	5年

申告書の控えは、収入額を証明する書類にもなりますよ

そういえば、確定申告の写しは、公的な手続のときも提出を求められたりするなぁ…

おしえて！ 藤原さん

Q. 国税庁の貸借対照表のページ、期首の欄もあるけど…？

仕訳帳を紹介した友人から LINE が。えーっと、「国税庁の決算書の貸借対照表で、期首の金額はどれを入れたらいいのか？」ですって。なんでも合計が合わなくてエラーメッセージが出ちゃうらしいです。

ここは左右が合わないと先に進めないんですよね。金額の入力ミスはないかをまず確認してください。開業初年で資産がない人の期首は入力不要です。引き継ぐ資産がある人（54、56 ページ参照）は、仕訳帳の 1 月 1 日の繰越を転記すれば OK ですよ。それでも、合わない場合は……きっと、年始の「元入金で調整」の作業を忘れたんですね。でも、大丈夫です。そんなときは、貸借対照表の「資産の部」と「負債・資本の部」が等しくなるように「元入金」で調整してください。

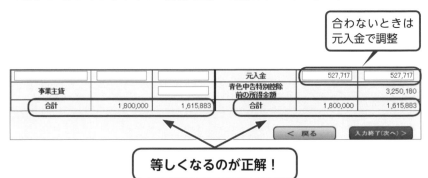

合わないときは
元入金で調整

				元入金	527,717	527,717
事業主貸				青色申告特別控除前の所得金額		3,250,180
合計	1,800,000	1,615,883		合計	1,800,000	1,615,883

< 戻る　　入力終了(次へ) >

等しくなるのが正解！

あ、上手くいったみたいです！　なるほど、「資産の部」と「負債・資本の部」が等しくなるのが正解ですね。覚えておきます！

終章

事業が大きくなったら…

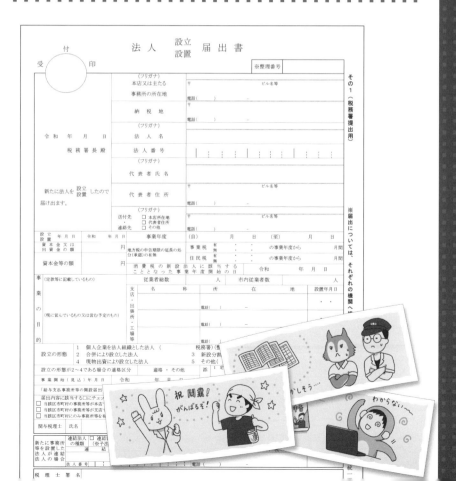

事業が大きくなったらサイフを分けよう

❖ 事業専用の銀行口座と金庫を作る

事業の規模が大きくなってきたら、事業用のサイフと個人のサイフは分けるべきです。そのほうが「モレなく」「整然と記帳」できますし、あとからチェックするのもラクになります。

事業に関係するお金の引き落としを専用口座にして、事業専用のクレジットカードを作って現金の取り扱いを減らせば、通帳やカードの利用明細からスムーズに記帳することができ、さらに便利です。

❖ 仕訳帳はこうなる

事業専用の金庫と銀行口座を作ると、<u>正式の複式簿記</u>で記帳することになります。簡単仕訳帳で記帳しても構いません。会社を設立するとき（136ページ参照）は複式簿記が必須です。

事業用の金庫の勘定科目は「現金」、事業用の銀行口座は「普通預金」です。

◆ 100円ショップで「文房具」を「現金」で買った

月	日	摘　　要	コード	借方科目	金　額	コード	貸方科目	金　額
6	2	ファイルほか文房具	514	消耗品費	1,650	101	現金	1,650

> 一つの出来事を2か所で記録する

◆ 「光熱費」が「銀行口座」から引き落とされた

月	日	摘　　要	コード	借方科目	金　額	コード	貸方科目	金　額
6	26	電気代	507	水道光熱費	12,345	103	普通預金	12,345

> 一つの取引を2か所に記録してますね。
> これが一般的な複式簿記の書き方です

青色申告ソフトは好みで選ぶ

❖ 青色申告ソフトは税抜で記帳

　正式の複式簿記で記帳することになったら、市販されている青色申告ソフトを使うことになります。青色申告ソフトにあるお役立ち機能は、**自動で税抜処理をしてくれる機能（税抜で記帳）**です。事業が大きくなって、売上が1千万円を超えると消費税の課税事業者となり、消費税申告のためには税抜での記帳が原則となるからです。

「簡単仕訳帳」は税込で記帳します。売上が1千万円を超えても、簡易課税方式（売上5千万円まで）で消費税を申告すれば「簡単仕訳帳」でも大丈夫ですが、事業規模が大きくなれば（前述の）事業用のサイフを分けるなどの結果、「簡単仕訳帳」を卒業することになりそうです。

　なお、2023年10月からは消費税に「インボイス制度」が導入され、"ぼちぼちフリーランス"も課税業者か免税業者かを選択することになります。課税業者を選択した場合でも、上記のとおり、簡易課税方式を採用して「簡単仕訳帳」を使い続けるという選択肢があります。念のため。

❖ 自分に合ったものを好みで選ぶ

　青色申告ソフトはたくさんの会社から出ています。
「やよいの青色申告」「freee」「みんなの青色申告」「マネーフォーワード」「ツカエル青色申告」などなど、売れ筋だけでもたくさんあって迷いますが、機能的にはそれほど大きな差はありません。各社とも無料体験ができますので、使ってみて決めましょう。

　自分のパソコンにインストールして使う**インストール型**のほかに、ネットにつながればどのパソコンからでも使える**クラウド型**もあります。

簡単仕訳帳のクラウド型はないかな？

ありませんけど、クラウドで保管する手がありますよ

会社設立は税理士に相談しよう

❖ 会社の場合は所得を分散させることができる

　所得税は累進課税のため、利益（所得）が大きくなると税率が上がり、税負担が大きくなります。そのため、事業がある程度の大きさになったら個人事業から会社にすることを検討すべきでしょう。

　会社にすると、社長（事業主）への給料が費用になりますから、事業所得を会社と社長に分散させることができます。また、専従者でない家族へ支払った給料も費用として認められます。

```
（例）　事業所得　100 ━━━━▶ 会社　60 （法人税）
                        ━━━▶ 社長　40 （所得税）
```

　会社・社長それぞれに税金がかかりますが、所得が分散して税率が低くなり、それぞれに所得控除があることなどから、**全体としての税金を低く抑える**ことができます。

❖ 会社を検討する分岐点は…

　条件によりますが、利益（所得）が700〜800万円を超えたあたりで、会社のほうが税金を安くできると言われています。ただし、設立・登記や社会保険料の負担、その他各種の手続きなどが必要になります。

　設立登記は**司法書士**、人を雇うと**社会保険労務士**、特に税金は**税理士**と相談が必要になるでしょう。

　会社にするかどうかを含めて、プロからのアドバイスには得るものがたくさんありますから、事業規模にかかわらず、一度税理士事務所を訪ねて相談してみることをオススメします。

社長の給料が経費になるんだ！

ほかにも個人事業主に比べてできることが増えますよ

お役立ち事例集

ダイジェスト版

＊藤原さん特製の解説つき！　事例集（完全版）は、簡単仕訳帳（Excel）と
　一緒にダウンロードできます

※事例集（完全版）では、藤原さんが「仕訳入力で決算書はこうなる！」を徹底解説！
簿記・会計のしくみをきちんと理解したい人は、ぜひご活用ください。

開業初年うさこさんの場合…

前年に会社を退職、独立したうさこさん、初の青色申告に挑戦！

うさこさんのプロフィール

職業：カウンセラー

家族：独身

職場：レンタルオフィス

引継資産：なし

その他：開業初年

❖ うさこさんの仕訳帳を紹介！ (完全版はダウンロードでご覧ください)

① 3月の開業前に名刺と看板を作っている（90,000円）。少額の開業費なので、簡便に全額を費用処理する。

② レンタルオフィスを借りる契約をし、敷金200,000円と4月分の賃料100,000円、共益費50,000円を支払う。今後、賃料と共益費は毎月末に翌月分が引き落とされる。

③ オフィスで必要な文房具や消耗品等を30,000円で購入。

④ 手土産40,000円を購入、近隣のレンタルオフィス関係者に挨拶回り。

⑤ 4月は開店早々なのに、お客さんがよくやってきて売上400,000円。

⑥ 翌月分の賃料100,000円、共益費50,000円が引き落とされた。

⑦ 12月の売上のうち50,000円はクレジットカード払いで入金は来年2月のため、売掛金で入力。

⑧ 11月購入の"魔法の鏡"（商品名）80,000円はクレジットカード払いのため、未払金で入力。

うさこさんの仕訳帳（2021年）

	月	日	摘 要	コード	借方科目	金 額	コード	貸方科目	金 額
①	4	1	名刺、看板作成料（開業費用）	510	広告宣伝費	90,000			
②	4	5	レンタルオフィス敷金	127	敷金・保証金	200,000			
	4	5	〃 賃料4月分	520	地代家賃	100,000			
	4	5	〃 共益費4月分	522	管理費	50,000			
③	4	5	事務所消耗品等	514	消耗品費	30,000			
④	4	5	関係先への手土産代	511	接待交際費	40,000			
⑤	4	30	4月分売上（明細別紙）				401	売上（報酬）	400,000
	4	30	4月分交通費（明細別紙）	508	旅費交通費	9,000			
⑥	4	30	レンタルオフィス賃料（5月分）	520	地代家賃	100,000			
	4	30	〃 共益費（5月分）	522	管理費	50,000			
	5	31	5月分通勤電車代	508	旅費交通費	12,000			
	5	31	レンタルオフィス賃料（6月分）	520	地代家賃	100,000			
	5	31	〃 共益費（6月分）	522	管理費	50,000			
	5	31	5月分売上				401	売上（報酬）	500,000
	12	31	12月分売上				401	売上（報酬）	500,000
⑦	12	31	売上のうち、クレジットカード分	107	売掛金	50,000			
⑧	12	31	魔法の鏡購入（クレジットC）	514	消耗品費	80,000	204	未払金	80,000

※書籍掲載用に、途中省略している行があります。

決算整理

複式簿記の書き方は未払金
だけでいいのね〜

⑦の売掛金も、「12月分売上」のところで以下のように入力すると、これも複式簿記ですよ。

月	日	摘 要	コード	借方科目	金 額	コード	貸方科目	金 額
12	31	12月分売上	107	売掛金	50,000	401	売上（報酬）	500,000

うさこさんの 2021 年決算書 (簡単仕訳帳)

					2021年
貸借対照表					
107	売掛金	50,000	204	未払金	80,000
112	未収入金				
126	土地		301	事業主勘定	△1,507,000
127	敷金・保証金	200,000	302	元入金	
128	その他投資			特別控除前利益	1,677,000
	合計	250,000		合計	250,000
損益計算書					
502	仕入		401	売上(報酬)	3,500,000
508	旅費交通費	83,000			
509	通信費				
510	広告宣伝費	90,000			
511	接待交際費	40,000			
514	消耗品費	110,000			
515	減価償却費				
520	地代家賃	1,000,000			
522	管理費	500,000			
530	雑費				
	計	1,823,000			3,500,000
	特別控除前利益	1,677,000			
	合計	3,500,000			3,500,000

簡単仕訳帳の決算書を見ながら、国税庁の Web サイトに転記します。

なるほど、同じ科目のところに入力&転記すればいいのね！

はい。「管理費」「敷金」などは、右の例のように標準科目の下の空欄に科目を追加しますよ

うさこさんの 2021 年決算書（青色申告書）

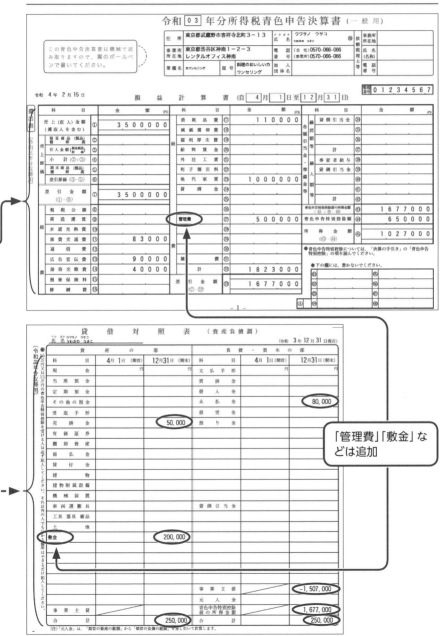

令和 [0 3] 年分所得税青色申告決算書（一般用）

住 所	東京都武蔵野市吉祥寺北町3−13	フリガナ	ウワサノ ウサコ	依頼税理士	事務所所在地	
事業所所在地	東京都渋谷区神南1−2−3 レンタルオフィス神南	氏 名	うわさの うさこ		氏 名（名称）	
業種名	カウンセリング	電話番号	（自 宅）0570−066−066 （事業所）0570−066−066		電話番号	
		屋 号	料理のおいしいカウンセリング			
		加入団体名			整理番号	0 1 2 3 4 5 6 7

この青色申告決算書は機械で読み取りますので、黒のボールペンで書いてください。

令和 4 年 2 月 15 日

損 益 計 算 書 （自 4 月 1 日至 12 月 31 日）

科 目		金 額（円）	科 目		金 額（円）	科 目		金 額
売上（収入）金額（雑収入を含む）	①	3 5 0 0 0 0 0	消耗品費	⑱	1 1 0 0 0 0	貸倒引当金	㉝	
期首商品（製品）棚卸高	②		減価償却費	⑲				
仕入金額（製品製造原価）	③		福利厚生費	⑳		計	㉞	
小計（②＋③）	④		給料賃金	㉑		専従者給与	㉟	
期末商品（製品）棚卸高	⑤		外注工賃	㉒		貸倒引当金	㊱	
差引原価（④−⑤）	⑥		利子割引料	㉓			㊲	
差引金額（①−⑥）	⑦	3 5 0 0 0 0 0	地代家賃	㉔	1 0 0 0 0 0 0	計	㊳	
			貸倒金	㉕		青色申告特別控除前の所得金額	㊸	1 6 7 7 0 0 0
租税公課	⑧			㉖		青色申告特別控除額	㊹	6 5 0 0 0 0
荷造運賃	⑨		管理費	㉗	5 0 0 0 0 0	所得金額	㊺	1 0 2 7 0 0 0
水道光熱費	⑩			㉘				
旅費交通費	⑪	8 3 0 0 0		㉙		●青色申告特別控除については、「決算の手引き」の「青色申告特別控除」の項を読んでください。		
通信費	⑫			㉚		●下の欄には、書かないでください。		
広告宣伝費	⑬	9 0 0 0 0	雑費	㉛				
接待交際費	⑭	4 0 0 0 0	計	㉜	1 8 2 3 0 0 0			
損害保険料	⑮		差引金額（⑦−㉜）		1 6 7 7 0 0 0			
修繕費	⑯						㊻	

− 1 −

貸 借 対 照 表 （資産負債調）

フリガナ ウワサノ ウサコ
氏 名 うわさの うさこ

（令和 3 年 12 月 31 日現在）

資 産 の 部			負 債 ・ 資 本 の 部		
科 目	4 月 1 日（期首）	12 月 31 日（期末）	科 目	4 月 1 日（期首）	12 月 31 日（期末）
現 金	円	円	支 払 手 形	円	円
当 座 預 金			買 掛 金		
定 期 預 金			借 入 金		
その他の預金			未 払 金		80,000
受 取 手 形			前 受 金		
売 掛 金		50,000	預 り 金		
有 価 証 券					
棚 卸 資 産					
前 払 金					
貸 付 金					
建 物					
建物附属設備					
機 械 装 置					
車 両 運 搬 具			貸倒引当金		
工具器具備品					
土 地					
敷金		200,000			
			事 業 主 借		−1,507,000
			元 入 金		
事 業 主 貸		250,000	青色申告特別控除前の所得金額		1,677,000
合 計		250,000	合 計		250,000

「管理費」「敷金」などは追加

（注）「元入金」は、「期首の資産の総額」から「期首の負債の総額」を差し引いて計算します。

うさこさんの 2021 年分確定申告書 B

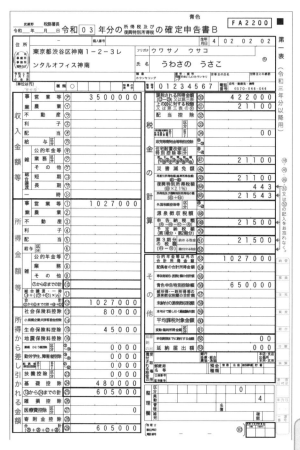

申告書完成〜

控除の入力も忘れないでくださいね

＼ 申告書、完成 !! ／

＼ 申告後は、今年の準備！ ／

◆うさこさんの 2022 年の期首（年始）引継

前年の貸借対照表を見ながら、仕訳帳に転記します。

2021年

貸借対照表

コード	借方科目	金額	コード	貸方科目	金額
107	売掛金	50,000	204	未払金	80,000
112	未収入金		301	事業主勘定	△1,507,000
126	土地		302	元入金	
127	敷金・保証金	200,000		特別控除前利益	1,677,000
128	その他投資				
	合計	250,000		合計	250,000

2022 年 ／ 簡 単 仕 訳 帳 ／ メニュー表示

伝票No.	月	日	摘　要	コード	借方科目	金額	コード	貸方科目	金額
1	1	1	前年繰越	107	売掛金	50,000			
2	1	1	〃	127	敷金・保証金	200,000			
3	1	1	〃				204	未払金	80,000
4	1	1	〃 （事業主勘定）				302	元入金	-1,507,000
5	1	1	〃 （控除前利益）				302	元入金	1,677,000
6	1	1	振り戻し				107	売掛金	50,000
7	1	1	〃				204	未払金	80,000

　1月1日は、前年貸借対照表の引継（繰越）から。上図のように「事業主勘定」と「青色申告特別控除前利益」は「元入金」として入力。短期間（1〜2ヶ月）で精算される売掛金・未払金は振り戻します。

申告が終わった勢いでやっちゃえば、いけそうです！

引継が終わったら新年度。今年もぼちぼち稼いでください

電車大好きノリテツくんの場合…

副業 OK の会社員ノリテツくん、将来の独立に向けていざ青色申告！

ノリテツくんのプロフィール

職業：鉄道ブロガー（副業）

家族：独身

職場：実家（親所有）

引継資産：なし

その他：会社からの給与アリ

雑所得→事業所得（青色申告）

❖ ノリテツくんの仕訳帳を紹介！ （完全版はダウンロードでご覧ください）

① 身延まで取材旅行に出かけた（太っ腹新聞社の取材なので立替払い）。

② 交通費 10,260 円、房総へ独自の取材旅行に出かけた。

③ 昨年から利用している動画編集機材のレンタル料（1 月分）25,000 円がクレジットで引き落とされた。

④ インターネット回線利用料（1 月分）5,000 円が銀行引落しになった。

⑤ 動画編集機材のレンタル料（2 月分）25,000 円が引き落とされた。

⑥ ASP から、1 月分の報酬 60,000 円がサーバー利用料 3,000 円を差引いて振り込まれた。

⑦ 太っ腹新聞社から原稿料 100,000 円、源泉税△ 10,210 円、立替交通費 17,670 円が入金された。

⑧ 2 月分交通費は 6,340 円、まとめて入力する。

⑨ 翌年 1 月引落しのネット回線利用料（12 月分）5,000 円を未払計上。

⑩ ASP から 1 月の振込予定表（12 月分の報酬 70,000 円、サーバー利用料 3,000 円を差引く）が届いたので、売上（売掛）計上する。

⑪ 雑収入 17,670 円は立替交通費なので、旅費交通費と相殺する。

ノリテツくんの仕訳帳（2021 年）

	月	日	摘　要	コード	借方科目	金　額	コード	貸方科目	金　額
①	1	16	身延へ（太っ腹新聞社立替）	508	旅費交通費	17,670			
②	1	24	房総方面取材旅行（明細別紙）	508	旅費交通費	10,260			
③	1	25	動画編集機材レンタル料（1 月分）	525	リース・賃借料	25,000			
④	2	10	ネット回線利用料（1 月分）	509	通信費	5,000			
⑤	2	25	機材レンタル料（2 月分）	525	リース・賃借料	25,000			
⑥	2	26	ASP 報酬				401	売上（報酬）	60,000
	2	26	〃　　サーバー利用料	525	リース・賃借料	3,000			
⑦	2	26	太っ腹新聞社　原稿料				401	売上（報酬）	100,000
	2	26	〃　　　　源泉税	113	仮払源泉税	10,210			
	2	26	〃　　　　立替交通費				402	雑収入	17,670
⑧	2	28	2 月分交通費（明細別紙）	508	旅費交通費	6,340			
	12	31	ネット回線利用料(2 〜 11 月分)	509	通信費	50,000			
	12	31	機材レンタル料（3 〜 12 月分）	525	リース・賃借料	250,000			
	12	31	交通費（3 〜 12 月分）	508	旅費交通費	78,910			
	12	31	太っ腹新聞社　原稿料（12 月まで）				401	売上（報酬）	400,000
	12	31	〃　　　　源泉税	113	仮払源泉税	40,840			
	12	31	ASP 報酬（2 〜 11 月）				401	売上（報酬）	650,000
	12	31	〃　　　サーバー利用料（〃）	525	リース・賃借料	30,000			
⑨	12	31	ネット回線利用料（12 月分）	509	通信費	5,000	204	未払金	5,000
⑩	12	31	ASP 報酬（12 月分）	107	売掛金	70,000	401	売上（報酬）	70,000
	12	31	〃　　　サーバー利用料（〃）	525	リース・賃借料	3,000	107	売掛金	3,000
⑪	12	31	雑収入と立替交通費を相殺	402	雑収入	17,670	508	旅費交通費	17,670

決算整理

※ 書籍掲載用に、（●〜●月分）などまとめて計上しているものがありますが、実際の記帳は入出金の都度、または月ごとに入力してください

これが決算整理で「立替交通費と雑収入の相殺」のケースか

はい。98 ページでも確認できますよ

国税庁の Web サイトでは、会社からもらった源泉徴収票の入力も必要

給与所得の入力

令和3年分の源泉徴収票に記載されているとおりに、1件ずつ入力してください。
源泉徴収票に記載のない控除は、後の各控除の入力画面から入力してください。

①支払金額

2960000 円

②源泉徴収税額

2段で記載されている場合、下の段の金額

66,900 円

☐ 源泉徴収税額が2段で記載（内書き）❓

2段で記載されている場合、上の段の金額

③社会保険料等の金額

2段で記載されている場合、下の段の金額

201,000 円

令和 3 年分 **給与所得の源泉徴収票**

ノリテツくんは会社員だから給料の入力もあるんだ！

その年の途中で退職、開業した人も給与所得の入力がありますよ
なお、副業で事業（所得）と認定されるのは非常にハードルが高いので注意してください

ノリテツくんの 2021 年分確定申告書 B

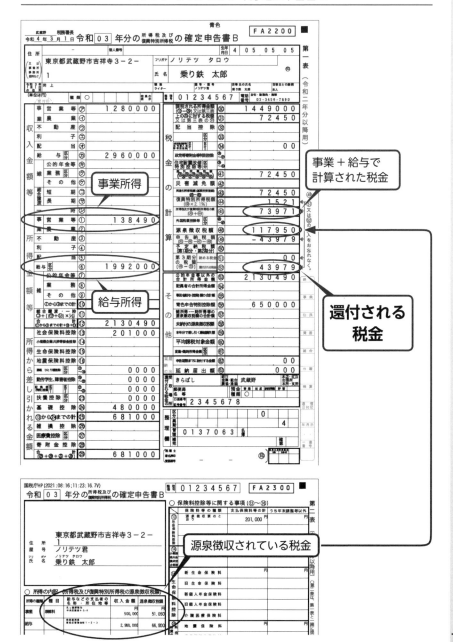

付録 お役立ち事例集 ダイジェスト版

147

オオカミさんのプロフィール

職業：カメラマン

家族：妻、子ども

職場：自宅（賃貸）事務所

引継資産：車、敷金、借入金ほか

事業専用割合：家賃 40%、

車・ローン利息 100%

その他：白色申告→青色申告

妻を事業専従者に

❖ オオカミさんの仕訳帳を紹介！ <small>（完全版はダウンロードでご覧ください）</small>

①前年の白色申告書を見ながら、**繰越金額を入力**（150 ページで解説）。

②長野の取材に行くため、ガソリン 20,000 円分を給油した。

③電気代 30,000 円（経費算入 12,000 円）、通信費 20,000 円（経費算入 16,000 円）が引落しになった。

④専従者給与 100,000 円を支払った。（源泉所得税 720 円を控除）

⑤自宅の家賃 15 万円（経費算入 60,000 円）が引き落とされた。

⑥青梅自動車ローンからローンの返済金が 55,250 円引き落とされた。

　うち、利息は 4,241 円、元本は 51,009 円である。

⑦1 月分の交通費は合計 5,160 円だった。

⑧固定資産の減価償却費を計上する。

　付録の「簡易減価償却表」を使うと、取材用車両の減価償却費は 501,000 円、写真撮影用機材（耐用年数 5 年）の減価償却費は 53,167 円となる。

オオカミさんの仕訳帳

	月	日	摘　　要	コード	借方科目	金　額	コード	貸方科目	金　額
①	1	1	前年繰越	124	車両運搬具	1,500,000			
	1	1	〃	127	敷金・保証金	300,000			
	1	1	〃				203	借入金	1,272,283
	1	1	〃				302	元入金	527,717
②	1	10	ガソリン給油	514	消耗品費	20,000			
③	1	20	電気代 1 月分 30,000 円	507	水道光熱費	12,000			
	1	20	通信費 1 月分 20,000 円	509	通信費	16,000			
④	1	25	花子　専従者給与	526	専従者給与	100,000			
	1	25	専従者給与　源泉所得税				206	預り金	720
⑤	1	26	自宅家賃引落し 150,000 円	520	地代家賃	60,000			
⑥	1	29	自動車ローン引落し　利息	519	利子割引料	4,241			
	1	29	〃　　　　　　　元本	203	借入金	51,009			
⑦	1	31	都内交通費（電車）1 月分	508	旅費交通費	5,160			
	2	10	写真撮影用機材を購入	125	工具器具備品	319,000			
	2	26	代々木出版撮影代入金				401	売上（報酬）	880,000
	6	30	代々木出版撮影代				401	売上（報酬）	1,200,000
	8	31	〃				401	売上（報酬）	1,050,000
	10	31	〃				401	売上（報酬）	1,400,000
	11	30	御茶ノ水書房原稿料				401	売上（報酬）	500,000
	11	30	〃　　　　源泉所得税	113	仮払源泉税	51,050			
	12	31	代々木出版撮影代				401	売上（報酬）	1,300,000
⑧	12	31	取材用車両の減価償却費	515	減価償却費	501,000	124	車両運搬具	501,000
	12	31	写真撮影用機材の減価償却費	515	減価償却費	53,167	125	工具器具備品	53,167

白色申告からの引継ぎ

決算整理

※書籍掲載用に途中省略している行があります。

あ、「前年繰越」（白色申告からの引継ぎ）が登場した！

白色申告（固定資産あり）から青色申告デビューの人のキモは年始めの引継ぎ。次ページでくわしく紹介していますよ

❖ オオカミさんの白色申告からの引継ぎの解説

月	日	摘　　　要	コード	借方科目	金　額	コード	貸方科目	金　額	
1	1	前年繰越	124	車両運搬具	1,500,000	①			
1	1	〃	127	敷金・保証金	300,000	②			
1	1	〃				203	借入金	1,272,283	③
1	1	〃				302	元入金	527,717	④

この数字はどこから出て
きたのかしらん…

オオカミさんの前年の白色申告書をチェック!

オオカミさんの前年の白色申告書

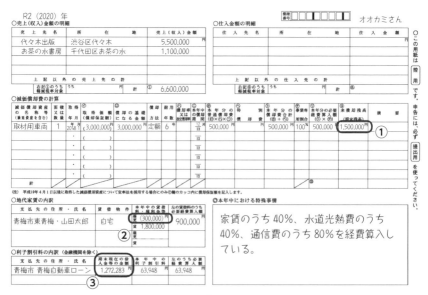

◆前年の白色申告書を見てみると…

①取材用車両は 6 年で減価償却しており、白色申告を見ると、昨年末の 末償却残高は 1,500,000 円 であることが分かります。

②青梅市の山田さんから借りている自宅は 敷金 30 万円 を差し入れており、賃料 15 万円です。

③自動車ローンは毎月 55,250 円返済の元利均等法で、元本と利息に分けた返済一覧表があり、毎月 55,250 円を返済しています。 昨年の借入残高は 1,272,283 円 です。

　以上から、前年の白色申告書をもとに貸借対照表項目をまとめると、以下のようになる。

資産	金額（円）
車両運搬具	① 1,500,000
敷金・保証金	② 300,000
合　計	1,800,000

負債	金額（円）
借入金	③ 1,272,283
元入金	（　　　　）
合　計	1,272,283

左右の合計が一致する
ように、元入金で調整
元入金＝ 527,717 円 ④

「資産－負債＝元入金」ですね！ 国税庁 HP で確定申告するときは、「期首の欄」にこの金額を入力しますよ！

ぼちぼちフリーランスおサルさんの場合…

他のソフトから簡単仕訳帳に乗り換えてシンプル青色申告！

おサルさんのプロフィール

職業：企画、編集、ライター

家族：息子二人

職場：自宅（持ち家）事務所

引継資産：現金、普通預金など

事業専用割合：マンション建物

光熱費・ローン利息 40％

その他：他のソフトから移行

今年から自宅マンションで仕事

◆ おサルさんの仕訳帳を紹介！ (完全版はダウンロードでご覧ください)

①現金 40,000 円、普通預金 100,000 円、棚卸資産 35,000 円、仮払源泉税 80,000 円、未払金 50,000 円を引き継ぎ。事業主貸、事業主借、元入金、控除前利益は全て「元入金」に。

②「簡単仕訳帳」を使うので**現金・普通預金は不要、「事業主」へ戻し。**

③短期間で精算される仮払源泉税、未払金も振り戻し。

④マンションの土地、建物、住宅ローンの残高を新規入力。

⑤広告宣伝用に高崎山書房の「サル山の大将放浪記」を著者割引の50,000 円で購入。

⑥決算整理で、住宅ローン利息 507,812 円のうち、60％の 304,687 円は家事分なので、事業用経費から除外。

⑦広告宣伝用に購入した書籍を棚卸した結果、15 冊 24,000 円が残っていた。前年から繰越した書籍 35,000 円を広告宣伝費に加え、24,000円を控除して棚卸資産に。

おサルさんの仕訳帳

	月	日	摘要	コード	借方科目	金額	コード	貸方科目	金額
①	1	1	前年繰越	101	現金	40,000			
	1	1	〃	103	普通預金	100,000			
	1	1	〃	109	棚卸資産	35,000			
	1	1	〃	113	仮払源泉税	80,000			
	1	1	〃　　　（事業主貸）	302	元入金	3,680,000			
	1	1	〃				204	未払金	50,000
	1	1	〃　　　（事業主貸）				302	元入金	285,000
	1	1	〃　　　（元入金）				302	元入金	300,000
	1	1	〃　　　（控除前利益）				302	元入金	3,300,000
②	1	1	現金を事業主へ戻し				101	現金	40,000
	1	1	普通預金を事業主へ戻し				103	普通預金	100,000
③	1	1	振り戻し（事業主へ）				113	仮払源泉税	80,000
	1	1	〃　　（　〃　　）	204	未払金	50,000			
④	1	2	マンション建物	121	建物	17,428,571			
	1	2	〃　　　土地	126	土地	5,000,000			
	1	2	住宅ローン残高				203	借入金	12,125,022
	1	20	電気代1月分（7,000円）	507	水道光熱費	2,800			
	1	25	住宅ローン　利息	519	利子割引料	43,953			
	1	25	〃　　　　元本	203	借入金	81,047			
	1	31	マンション管理費（20,000円）	522	管理費	8,000			
	1	31	新宿出版　原稿料				401	売上（報酬）	200,000
	1	31	〃　　　　源泉税	113	仮払源泉税	20,420			
	1	31	打合せ交通費　1月分	508	旅費交通費	14,290			
	2	10	トイレ改修費（200,000×40%）	513	修繕費	80,000			
⑤	2	25	「サル山の大将放浪記」購入	510	広告宣伝費	50,000			
	12	31	新宿出版売上（明細別紙）				401	売上（報酬）	5,600,000
	12	31	〃　　　　源泉税	113	仮払源泉税	571,760			
	12	31	〃　　　　立替交通費				402	雑収入	37,500
	12	31	高崎山書房印税（サル山の大将）				401	売上（報酬）	500,000
	12	31	〃　　　　源泉税	113	仮払源泉税	51,050			
	12	31	高崎山書房　講演料				401	売上（報酬）	50,000
	12	31	〃　　　　お車代				402	雑収入	10,000
	12	31	立替交通費・相殺	402	雑収入	37,500	508	旅費交通費	37,500
⑥	12	31	住宅ローン利息のうち、家事分60%				519	利子割引料	304,687
	12	31	マンション建物減価償却費				121	建物	440,000
	12	31	〃　　　経費算入償却費	515	減価償却費	176,000			
⑦	12	31	広告宣伝用書籍（前年繰越）	510	広告宣伝費	35,000	109	棚卸資産	35,000
	12	31	〃　　　棚卸	109	棚卸資産	24,000	510	広告宣伝費	24,000

※書籍掲載用に途中省略している行があります。

ここがキモ！

決算整理

ラーメン道まっしぐらメンタツさんの場合…

開業までに使ったお金（開業費）がたくさんあるケース

メンタツさんのプロフィール

職業：ラーメン店起業

家族：独身？

職場：借り店舗

資産：厨房設備他

申告：新規開店、開業費あり

❖ メンタツさんの仕訳帳を紹介！ （完全版はダウンロードでご覧ください）

①開業までに使った資金を固定資産と費用に分けて、費用は「開業費」としてまとめ、資産合計と同額を「元入金」とする。

②売上ほかまとめて計上（通常は月ごとに入力記帳してください）。

③厨房設備(工具器具備品)を減価償却。

④開業費のうち1,000,000円を償却。

	月	日	摘　　要	コード	借方科目	金　額	コード	貸方科目	金　額
①	1	1	開業時の出資　敷金	127	敷金・保証金	500,000			
	1	1	〃　　厨房設備一式	125	工具器具備品	1,000,000			
	1	1	〃　　開業費（明細別紙）	128	開業費	7,000,000			
	1	1	〃				302	元入金	8,500,000
②	12	31	売上　（明細別紙）				401	売上（報酬）	6,000,000
	12	31	賃料　　（明細別紙）	520	地代家賃	1,200,000			
	12	31	材料費　（明細別紙）	502	仕入	1,300,000			
	12	31	光熱費　（明細別紙）	507	水道光熱費	1,200,000			
	12	31	その他　（明細別紙）	522	管理費	100,000			
③	12	31	厨房設備　減価償却費	515	減価償却費	167,000	125	工具器具備品	167,000
④	12	31	開業費償却（任意）	523	開業費償却	1,000,000	128	開業費	1,000,000

※書籍掲載用に省略して入力しています。

メンタツさんの開業費内訳

開業までに使ったお金は？

開業まで	万円
敷金	50
厨房設備	100
賃料	240
材料費	200
ガス代	100
水道代	50
電気代	90
その他	20
	850

開業時の繰越

敷金	50
器具備品	100
開業費	700

開業後	償却費
6年で減価償却	16.7
償却	
（利益を見ながら任意で）	

メンタツさんの利益計画（開業費の償却）

利益計画（万円）

	1年目	2年目	3年目	4年目
売上	600	800	1000	900
変動費（30%）	180	240	300	270
固定費	200	200	200	200
利益	220	360	500	430
減価償却費　　6年	16.7	16.7	16.7	16.7
差引（開業費償却前利益）	203	343	483	413
開業費償却　　任意	**100**	**200**	**300**	**100**
控除前利益	103	143	183	313
青色特別控除	55	55	55	55
申告所得	48	88	128	258

なるほど〜、開業費償却前の利益を見ながら、開業費償却の金額を決めることができるのね〜……アレ？　藤原さん？

しーっ！　声が大きいですよ

おわりに

　最初に、長い間埋もれていた「簡単仕訳帳」を発掘して、再び世に出していただいたフリーランスの中山圭子さんと青春出版社の手島智子編集長に感謝します。ありがとうございました。

　それにしても本書を作るに際しては、ずぼらフリーランスを自称する中山さんから予想もしなかった奇問・難問が飛んできて、改めて所得税法や通達を調べなおすことがたびたびでした。

　「素人はまずこれを聞きたがっている！」「いや、そうじゃなくって……」思い返せば懐かしい。中山さんには「偉大な素人」の称号を贈ります。

　「簡単仕訳帳」はExcelシートですから、仕訳帳と決算書を交互に見ることが簡単にできます。読者の皆さんは、仕訳を入力するごとに「仕訳で決算書はこうなる」ということを確認してみてください。これだけで、簿記・会計の仕組みが見えてきます。

　「簡単仕訳帳」の仕組みは、事業用のサイフを分けない（分けられない）駆け出しフリーランスのための記帳法です。支払いの財源（現金、預金）を省略していますから、領収書等の綴り（貼り付け）と預金通帳やクレジット引落し明細との照合結果をきちんと保管して補強してください。事業の規模が拡大したら、事業用のサイフは分けるようにしましょう（分けても、「簡単仕訳帳」を使ってかまいません）。

　本書が読者の皆さんのお役に立つことを祈っています。

2021年9月

藤原道夫

著者 ● 藤原道夫 [フジワラミチオ]

公認会計士。岡山大学理学部卒業。(株)日本ビジネスコンサルタントを経て、新光監査法人に入所。平成23年に新日本有限責任監査法人を退職し、独立。各種監査業務をはじめ、コンサルティング業務、連結決算パッケージソフトなどの開発に従事。連結決算とキャッシュ・フロー計算書については造詣が深く、わかりやすく実践的な入門書やセミナーには定評がある。『そうだったのか! 連結決算の考え方・つくり方』『そうだったのか! キャッシュ・フロー計算書のつくり方』(以上、中央経済社)ほか著書多数。

本書で紹介する「簡単仕訳帳」は、監査法人退職後、自分のために開発したExcelシートを一般向けに汎用化したもの。前著『「簡単仕訳帳」でトクする青色申告』(中央経済社)をバージョンアップ、青色申告ビギナーとずぼらフリーランス向けによりわかりやすく解説、豊富な事例も収録した自信作。

聞き手 ● 中山圭子 [ナカヤマケイコ]

出版社勤務を経て、現在はフリーの企画編集者、ライターなどで活動中。お悩みを解決しながら本が作れる「一石二鳥の企画」が好き♡
このたび、フリーランスのためにとにかく簡単、シンプルな青色申告を教えてもらってきました!
下記サイトで、最新の確定申告レポートや簡単仕訳帳のQ&Aを公開中。
「ぽちぽちフリーランスは世界を救う…かも」
https://bochi-free.com/

超シンプルな青色申告、教えてもらいました！

2021年10月30日 第1刷	
2024年 4月25日 第3刷	

著　者　　藤原道夫

聞き手　　中山圭子

発行者　　小澤源太郎

責任編集　株式会社 プライム涌光

電話　編集部　03(3203)2850

発行所　　株式会社 青春出版社

東京都新宿区若松町12番1号〒162-0056
振替番号　00190-7-98602
電話　営業部　03(3207)1916

印刷　大日本印刷　　製本　大口製本

万一、落丁、乱丁がありました節は、お取りかえします。

青春出版社のA5判シリーズ

お願い　ページわりの関係からここでは一部の既刊本しか掲載してありません。折り込みの出版案内もご参考にご覧ください。